FOCO NARRATIVO
E
FLUXO DA CONSCIÊNCIA

FUNDAÇÃO EDITORA DA UNESP

Presidente do Conselho Curador
Herman Jacobus Cornelis Voorwald

Diretor-Presidente
José Castilho Marques Neto

Editor-Executivo
Jézio Hernani Bomfim Gutierre

Assessor Editorial
João Luís Ceccantini

Conselho Editorial Acadêmico
Alberto Tsuyoshi Ikeda
Áureo Busetto
Célia Aparecida Ferreira Tolentino
Eda Maria Góes
Elisabete Maniglia
Elisabeth Criscuolo Urbinati
Ildeberto Muniz de Almeida
Maria de Lourdes Ortiz Gandini Baldan
Nilson Ghirardello
Vicente Pleitez

Editores-Assistentes
Anderson Nobara
Fabiana Mioto
Jorge Pereira Filho

ALFREDO LEME COELHO DE CARVALHO

Foco narrativo
e
Fluxo da consciência

Questões de teoria literária

editora
unesp

© 2012 Editora Unesp

Direitos de publicação reservados à:
Fundação Editora da Unesp (FEU)

Praça da Sé, 108
01001-900 – São Paulo – SP
Tel.: (0x11) 3242-7171
Fax: (0x11) 3242-7172
www.editoraunesp.com.br
www.livrariaunesp.com.br
feu@editora.unesp.br

CIP – Brasil. Catalogação na fonte
Sindicato Nacional dos Editores de Livros, RJ

C321f

Carvalho, Alfredo Leme Coelho de, 1932-

Foco narrativo e fluxo da consciência: questões de teoria literária / Alfredo Leme Coelho de Carvalho. – São Paulo: Editora Unesp, 2012.

ISBN 978-85-393-0239-0

1. Crítica. 2. Ponto de vista (Literatura). 3. Monólogo interior na ficção. I. Título.

12-1462.
CDD: 801.95
CDU: 82.09

Editora afiliada:

Asociación de Editoriales Universitarias
de América Latina y el Caribe

Associação Brasileira de
Editoras Universitárias

A meus filhos, Mário, Vilma e Vânia.

SUMÁRIO

Prefácio IX
Astúcias sobre o *Foco narrativo e o fluxo da consciência*

Prólogo XV

O foco narrativo 1
   Introdução 1
   Quatro sistemas básicos 4
   Sistemas e notas complementares 24
   Sugestões para uma nomenclatura mais precisa 46

O fluxo de consciência como método ficcional 57

Referências bibliográficas 73

Prefácio
Astúcias sobre o *Foco narrativo* e o *Fluxo da consciência*

Alfredo Leme Coelho de Carvalho tem se distinguido tanto na esfera da análise crítica dos textos literários, quanto na busca de fixação de conceitos que suportam a teoria da literatura. Deste modo, destaca-se na leitura e apreensão das obras de literatura, na sua interpretação e, sobretudo, na justeza da nomenclatura com que exerce a avaliação dos textos submetidos à sua apreciação. Tornou-se, portanto, um qualificado mestre da arte de ler, compreender, assimilar e estimar judicativamente a obra literária.

Conforme exprime o próprio autor de *Foco narrativo e fluxo da consciência: questões da teoria literária*, objetivou tornar mais acessível ao estudante o material colhido "na intrincada selva da bibliografia especializada, dispersa em vários idiomas".

Na atual disposição da obra, procurou injetar suprimentos colhidos da obra de Gerard Genette, a fim de documentar exemplificadamente as noções de *analepse* e de *prolepse*, utilizando excertos recrutados em romances de Gustavo Corção e Machado de Assis.

Tamanho cuidado de aperfeiçoamento do próprio texto vem da própria edição de *Foco narrativo e fluxo da consciência* (1981), por sua vez ampliação corrigida de artigo publicado anteriormente na revista *Mímesis*, do Instituto de Biociências, Letras e Ciências Exatas de São José do Rio Preto (1978).

X ALFREDO LEME COELHO DE CARVALHO

De modo geral, o texto narrativo se apresenta como um palimpsesto no qual ficam gravadas inúmeras camadas de significação. O leitor desavisado, mas curioso, gratifica-se ao perseguir os vários caminhos ou promessas, conduzidos pelo enredo, conjunto de experiências humanas a solicitar compreensão e lances emocionais. Na condução da trama, é comum que o narrador, para fins de caracterização, trace motivos livres ou expressões avaliativas em que se oculta, ou mesmo se entremostra, o conteúdo ideológico-político do autor. Esse discurso mensurador de valores denuncia o ponto de vista do narrador (conforme o caso, do autor, que usa a expressão do personagem como sua própria afirmação conceitual). No entanto, outras camadas significativas podem ser desvendadas no ato da leitura. Daí o divertido símile colhido por Northrop Frye de um poeta alemão: a literatura é como um piquenique em que o autor leva as palavras e o leitor leva o sentido.

O que faz Carvalho é perfilar numerosas teses sobre o foco narrativo e sobre o fluxo da consciência, técnicas de relatos disseminadas ao longo dos séculos XIX e XX da produção do gênero capital da produção literária: o romance, ao qual Georg Lukács, em memorável ensaio de 1914, *Teoria do romance*, publicado em 1916 em forma de livro, chamou de epopeia da classe burguesa. Mais tarde, o pensador renegou a validade do ensaio, em face de influência recebida, ao escrevê-lo, do pensamento de Hegel, quando Lukács, então filiado à doutrina comunista, trasladara a sua noção de totalidade intensiva para o universo do movimento dialético da História. A epopeia seria a forma perfeita para a sociedade greco-romana. Com a supremacia da classe burguesa, a forma adequada, problemática, seria o romance.

Oportunamente, Carvalho, ao tratar do "conceito abrangente de Bóris Uspenski", sintetiza:

> Em seu livro *A Poetics of Composition* [Poética da composição], o crítico russo Bóris Uspenski (1973) trata do ponto de vista na literatura e em outras artes, dando ao termo considerável amplitude. Assim, considera ele que o ponto de vista pode ser analisado em

vários planos: o ideológico, o fraseológico, o temporal, o espacial e o psicológico.

No capítulo aparentemente conclusivo, "Sugestões para uma nomenclatura mais precisa", o autor de *Foco narrativo e fluxo da consciência* dá lugar aos seus conhecimentos acumulados da Literatura e de seus teóricos. Na citação da obra de Michel Butor, *A modificação*, valeu-se da autoridade de Wayne C. Booth em *A retórica da ficção* (1967). Poderia ter aproveitado a ocasião para incluir no seu admirável estudo uma visão do *nouveau roman* francês, que acabaria por incluir o Cinema Novo, ambas as artes submetidas a novas perspectivas sob o ângulo do foco narrativo. É que os adeptos do *nouveau roman* foram acoimados pela crítica de pertencentes à *école du regard* [escola do olhar]. Não é sem interesse que um de seus autores, Alain Robbe-Grillet, tenha publicado um romance com o título de *Le voyeur* [O observador] (1955) e que, sobre o próprio *nouveau roman*, Robbe-Grillet, um dos corifeus, tenha lembrado que não se trata de uma teoria, mas de uma busca. Por quê? Talvez melhor responder com um dos seus subtítulos de 1954, em que analisava *Mahu et le matériau* [Mahu e o material] (1952) de Robert Pinger, "um romance que inventa a si mesmo" (*"un roman qui s'invent lui-même"*), em *Pour un nouveau roman* [Por um novo romance] (1963). Segundo Robbe-Grillet, o título *Mahu et le matériau* é já um programa.

Aliás, sobre o tema que nos interessa, graças ao agudo desempenho de Carvalho, vale lembrar entrevista de Robbe-Grillet, ao *O Estado de S. Paulo* em 14 de setembro de 2002, quando por aqui passou o atuante romancista:

> Dizem que dou maior importância à técnica do que ao conteúdo. Mas todos os romancistas sempre se interessaram pelo que hoje pejorativamente se chama de técnica! Flaubert e Proust também se interessaram pela técnica. Acho que o mais importante é o jeito como se conta uma história e não a história em si.

XII ALFREDO LEME COELHO DE CARVALHO

O Brasil, desde José de Alencar, em *Como e por que sou romancista* (1893, publicação póstuma), até Autran Dourado, em *Uma poética de romance: matéria de carpintaria* (1976) e *O mestre imaginário* (1982), sempre apresentou ficcionistas de valor preocupados com a técnica, teoria ou poética da ficção.

No rol das "Sugestões para uma nomenclatura mais precisa", Carvalho oferece novidades que vão intrigar o leitor. Bela contribuição. Surgem o narrador infiel e o narrador aperceptivo, a onisciência neutra, a onisciência interpretativa e a onisciência imediata (simples e múltipla). Tudo apresentado com trechos exemplificadores.

Sobre o fluxo da consciência, o professor Carvalho tenta resgatar os primórdios do *stream of consciousness*, criado por William James, e sua aplicação e integração nos usos da narração. E prossegue inteligentemente com a evocação do "monólogo interior" atribuído ao prefácio de Valéry Larboud ao romance *Les lauriers sont coupés* [Os louros foram cortados] (1888), de Édouard Dujardin. Os leitores devem ler e reler, a nosso ver, essa obra, para que melhor se informem de uma das grandes fontes de James Joyce na realização do seu *Ulysses* (1922).

Outro episódio da maior importância na França foi a articulação de inúmeros ensaios acerca do estruturalismo da Literatura, extensivos aos métodos críticos e à busca de invariantes nas obras de ficção. Émile Benveniste, por exemplo, criou a distinção entre o plano da *história* e o plano do *discurso*. *História* seria o enredo, a intriga (segundo Tomachevski), e *discurso* seria o meio através do qual a história se realiza. Não se confunda com *história*, de que se ocupa o historiador, com *estória*, como o enredo da narrativa, seja ela oral, seja escrita. Guimarães Rosa consagrou, entre nós, o denominativo *estória*. Conforme assinala Vítor Manuel de Aguiar e Silva, os relatos da enunciação história e os da enunciação discurso dificilmente se encontram em estado puro, verificando-se contaminação recíproca entre os dois tipos, notadamente no caso do romance histórico (Aguiar e Silva, 1974, p.45).

O campo é vasto como a própria Literatura. Fiquem esses ligeiros registros apenas com o fim de pontuar a alta competência de

FOCO NARRATIVO E FLUXO DA CONSCIÊNCIA XIII

Carvalho, na exposição crítica de várias correntes e personalidades que ousaram analisar e avaliar o processo narrativo ao longo da História da Literatura. A presente edição traduz, na sua operosa carreira, o terceiro momento de estudo do foco narrativo e do fluxo da consciência.

Fábio Lucas

PRÓLOGO

Publicado este livro em 1981, tive a satisfação de vê-lo bem acolhido por diversos leitores e críticos. Referindo-me somente aos que se manifestaram por escrito, devo mencionar os seguintes: Osmar Pimentel, antes da publicação; após a impressão, houve uma manifestação bastante favorável do ilustre crítico José Paulo Paes; posteriormente, foi este livro citado com minúcia, em obra de Cremilda Araújo Medina – *Entrevista: o diálogo possível*.

Também a professora e crítica de renome Marisa Lajolo, em *Como e por que ler o romance brasileiro*, referiu-se ao meu trabalho, citando livros úteis para o estudo da literatura, ao inserir o meu nome em segundo lugar na honrosa companhia de Antonio Candido e Umberto Eco.

Fico extremamente honrado com a atenção que teve Fábio Lucas ao fazer o prefácio para esta segunda edição. Nela, procurei, a pedido da editora, acrescentar algo novo, o que fiz mencionando a obra de Gerárd Genette, *Figures III*. Não me pareceu conveniente ir muito além disso, para não sobrecarregar a obra. Também atendi à ponderação dos editores no sentido de – dado o caráter didático deste livro – evitar vocábulos menos usuais. Também evitei citações em línguas estrangeiras, traduzindo-as para o português.

XVI ALFREDO LEME COELHO DE CARVALHO

Isto por conta do fato de este livro ser didático, como é em grau elevado, e de ter em vista o estudante de nível universitário. Em línguas estrangeiras ficou apenas aquilo que está acompanhado da palavra equivalente em português, ou sua explicação nesta língua.

Alfredo Leme Coelho de Carvalho

O FOCO NARRATIVO

Introdução

O fato de que a noção de *ponto de vista*, ou *foco narrativo*, tenha tido "a sua origem, ou antes a sua consagração nos prefácios de Henry James", como diz F. V. Rossum-Guyon (1970, p.476), não nos deve levar a começar por ele a discussão do problema. Não seria prático fazê-lo porque Henry James, ao escrever os prefácios para uma reedição de seus romances, não teve, e obviamente não deveria ter, nenhuma preocupação de exposição sistemática.

Pareceu-nos melhor nos determos, inicialmente, em teorias mais amplas e menos específicas, partindo daquelas que nos pareceram mais simples ou mais claras.

Dentro desse critério, faremos antes uma apresentação crítica e contrastiva das classificações de Brooks e Warren (1959), Friedman (1967), Pouillon (1974) e Komroff (apud Shipley, 1970). Esta análise deverá tornar claros os aspectos fundamentais do problema, constituindo a primeira parte do nosso trabalho.

Passaremos depois, na segunda parte, à análise das teorias que, dentro deste estudo, e apenas por razões de método, chamaremos de *complementares*, de Lubbock (1964), Henry James (o qual encontramos em Blackmur, 1962; Miller, 1972; Wellek, 1958), Kayser

2 ALFREDO LEME COELHO DE CARVALHO

(1970), Stanzel (1971), Booth (1967), Tomachevski (1925; apud Todorov, 1965) e Uspenski (1973).

Esta divisão da matéria em duas partes tem, a nosso ver, duas vantagens: de um lado, permite uma apresentação inicial clara do assunto, e, de outro, evita o que poderia parecer uma superposição tumultuária de teoria, em que o leitor facilmente se sentiria desnorteado.

Antes disso, porém, vejamos o sentido e uso das expressões *ponto de vista* e *foco narrativo*.

Das duas, a mais antiga, e, sem dúvida, a mais usada internacionalmente é *ponto de vista*, que provém da linguagem relativa à arte da pintura. O *Dicionário Caldas Aulete* assim define o seu sentido: "o [ponto de vista] que o pintor escolhe para por os objetos em perspectiva; lugar alto, donde se descobre um largo horizonte; (fig.) modo de ver ou entender um assunto ou uma questão" (Diccionario contemporaneo da Lingua Portugueza, 1925, p.1165).[1]

O *Grande Dicionário Webster*, em sua edição de 1971, indica, para a expressão inglesa correspondente – *point of view* – os sentidos de "posição particular (no espaço, tempo ou desenvolvimento) da qual se avalia ou de onde se considera alguma coisa, maneira particular de se considerar ou avaliar algo, atitude mental baseada na razão, ou opinião, a respeito de alguma coisa" (Webster's Third New International Dictionary of the English Language, p.1750).

É fácil compreender a transposição desses sentidos gerais para um uso mais específico na crítica da ficção. Assim é que Cleanth Brooks e R. P. Warren (1959) se referem ao termo, dizendo que "é usado de maneira menos precisa para indicar as atitudes e ideias básicas do autor", e, mais estritamente, com referência "ao narrador da história – à mente através da qual é apresentado o material da história" (Brooks; Warren, 1959 [1943], p.687).

---

1 O *Dicionário Caldas Aulete* também é conhecido como *Diccionario contemporaneo da Lingua Portuguesa*. Essa definição é perfilhada, com pequenas alterações, por Laudelino Freire ([s.d.], p.4050) e por Aurélio Buarque de Holanda Ferreira ([s.d.], p.1123).

FOCO NARRATIVO E FLUXO DA CONSCIÊNCIA   3

Esses mesmos autores, entretanto, vieram a utilizar um novo termo, oriundo da Física, para expressar a mesma ideia: *foco*. Foco é o "ponto para onde convergem, ou de onde divergem, os eixos de ondas sonoras ou luminosas que se refletem ou refratam" (Grande Enciclopédia Portuguesa e Brasileira, [s.d.], p.507). Tanto no caso da refração como no da reflexão as ondas se modificam. Mais no primeiro caso, menos no segundo. Assim, o termo *focus of narration*, que tem sido traduzido em português como "foco narrativo", parece-nos excelente, pois, além de sugerir o ponto de partida da visão, indica a inevitável marca que deixa o narrador no material da sua narrativa.

Brooks e Warren (1959), entretanto, parecem ter pensado mais em *foco* como "centro", pois simetricamente falam, também, em *foco de interesse* e *foco de caracterização*.[2]

O estudo do foco narrativo – ou ponto de vista – ganhou destaque com a publicação do livro *A técnica da ficção*,[3] de Percy Lubbock (1964). O autor centralizou a sua atenção no problema do ponto de vista, e, ao dar ao seu livro o título que tem, pareceu identificar esse aspecto narrativo com a própria arte da ficção.

Surgiu posteriormente a reação de E. M. Forster (1966), que, no livro igualmente famoso, *Aspectos do romance*,[4] deu a impressão de apequenar a importância do problema, tão agudamente tratado por Lubbock. Para ele, o importante é que o escritor nos leve a aceitar o que diz, e não a obediência a fórmulas narrativas, às quais são mais sensíveis os críticos que os leitores (Forster, 1966, p.86-87).

Na verdade, porém, Forster não nega a importância do ponto de vista. O que ele enfatiza é que o autor não se deve recusar a admitir a multiplicidade e a variação de pontos de vista numa mesma obra,

---

2 *Foco de interesse* é o ponto de maior relevo na história, que pode estar centralizado no lugar, no tempo, ou nos personagens. *Foco de caracterização* é o grau maior de importância de um personagem, ou de um grupo de personagens, na história. Cf. Brooks;Warren, 1959, p.657-659.

3 Cuja primeira edição data de 1921.

4 Publicado originalmente em 1927.

4 ALFREDO LEME COELHO DE CARVALHO

e que isto pode contribuir para aumentar o seu valor. Chega mesmo a salientar a importância do ponto de vista – "múltiplo e variado" – na obra de Dickens e Tolstói.

Isto posto, passemos a analisar os quatro sistemas que, para facilitar a exposição da matéria, consideramos como básicos.

Quatro sistemas básicos

A classificação de Brooks e Warren

Esta é, na verdade, uma das classificações mais simples e claras. Em primeiro lugar, temos *personagem principal que conta a sua própria história*. Brooks e Warren (1959) preferem essa denominação. Poderíamos também chamá-lo de "narrador-protagonista". Para dar um exemplo nosso desse tipo de foco narrativo, citemos as primeiras linhas de um romance de Camilo Castelo Branco: "O meu noviciado de amor passei-o em Lisboa. Amei as primeiras sete mulheres que vi, e que me viram" (Castelo Branco, 1961a, p.9).

Essa é, evidentemente, uma narrativa em primeira pessoa, e vê-se que, a continuar como começou, caracteriza bem a primeira categoria de Brooks e Warren. Outro tanto se pode dizer das *Memórias póstumas de Brás Cubas*, de Machado de Assis, cujo princípio é o seguinte: "Algum tempo hesitei se devia abrir estas memórias pelo princípio ou pelo fim, isto é, se poria em primeiro lugar o meu nascimento ou a minha morte" (Machado de Assis, 1977c, p.99).

A segunda categoria é a do *personagem-observador*, que participa mais ou menos da ação. Se quisermos ter um exemplo de personagem-observador que quase não participa da ação, poderemos encontrá-lo no conto "A carta furtada", de Edgar Allan Poe (1951), que começa desta maneira:

> Em Paris, logo após o cair de uma noite borrascosa de 18[...],
> estava eu gozando o prazer duplo da meditação e de um cachimbo

FOCO NARRATIVO E FLUXO DA CONSCIÊNCIA **5**

de espuma do mar em companhia de meu amigo C. Auguste Dupin, na sua pequena biblioteca ou gabinete [...].[5]

Depois desse princípio, vemos que o narrador não faz praticamente nada, limitando-se a contar a sagaz maneira de agir de seu amigo detetive. Fato semelhante podemos observar no conto "Manuscrito de um sacristão", de Machado de Assis, em que o narrador nos apresenta fatos ocorridos com os personagens padre Teófilo e Eulália, nos quais ele teve presença meramente circunstancial (Machado de Assis, 1977b, p.177-184). Como se vê, as duas primeiras categorias correspondem a narrativas em primeira pessoa. As outras duas corresponderão a narrativas de terceira pessoa. Na categoria seguinte temos o *autor-observador*. Esse apenas apresenta os fatos externos e os eventuais diálogos. Não penetra na mente dos personagens para nos pôr a par de seus pensamentos e sentimentos. Esse método é adotado em uma famosa história de Ernest Hemingway – "Os assassinos". Há uma rápida descrição cênica inicial, e começa o diálogo:

A porta do restaurante de Henry abriu-se e dois homens entraram. Sentaram-se ao balcão.
– Que deseja? – perguntou George.
– Não sei – disse um dos homens. (Brooks; Warren, 1959, p.296)

Após esse início inocente, vamos percebendo, pelo diálogo – pontilhado de humor e de uma dosada violência verbal – que se trata de dois assassinos à espera de alguém. Percebemos isso, também, pela descrição física dos personagens. Um dos garçons consegue avisar a vítima, que, entretanto, não procura salvar-se.[6]

---

5 Utilizamo-nos da tradução de Aurélio Buarque de Holanda e Paulo Rónai, publicada em *Mar de histórias* (1951, p.222).
6 A história está produzida em várias antologias, inclusive no citado livro de Brooks e Warren (1959, p.296-303). Aliás, incidentalmente, devemos dizer que

6 ALFREDO LEME COELHO DE CARVALHO

Um conto brasileiro em que encontramos o ponto de vista do *autor-observador* é, por exemplo, "A noiva do diabo", de Dalton Trevisan (1975, p.81-84). Esse conto é apresentado todo sob a forma de diálogo, por meio do qual tomamos conhecimento dos fatos materiais que estão ocorrendo.

Também Henry James emprega o método do autor-observador em seu romance *The Awkward Age* [A idade ingrata], como explica Percy Lubbock:

> [...] um romance em que Henry James seguiu um único método do princípio ao fim, negando a si mesmo o auxílio de qualquer outro. Decidiu tratar essa história como um puro drama [...]. Em *The Awkward Age* tudo é imediato e particular; não há visão do pensamento de ninguém, nenhum conspecto da cena de um ponto elevado, nenhum sumário retrospectivo do passado. (Lubbock, 1964, p.189-190)

O quarto ponto de vista da classificação de Brooks e Warren (1959) é o do *autor onisciente* ou *analítico*. Neste caso o autor penetra na mente dos personagens e nos desvenda os seus pensamentos e sentimentos.

Aqui é preciso fazer uma distinção que não encontramos na volumosa e um tanto difusa obra, já mencionada, desses dois autores. É que, ante os pensamentos e sentimentos dos personagens, e até mesmo ante os fatos externos, o autor onisciente pode assumir duas atitudes: a) apenas relatar os pensamentos, sentimentos e fatos; b) não só relatá-los, como também fazer comentário sobre eles. No primeiro caso poderíamos falar em *onisciência neutra* ou *objetiva*, e, no segundo caso, em *onisciência crítica ou interpretativa*.

O exemplo mais famoso de *onisciência neutra* ou *objetiva* é o romance *Madame Bovary*, de Gustave Flaubert. Para o autor, o escritor não deve "trazer à cena a sua personalidade" (apud Allott, 1959, p.271).

---

discordamos da interpretação desses autores quanto ao tema, o que, entretanto, no momento, não vem ao caso.

FOCO NARRATIVO E FLUXO DA CONSCIÊNCIA 7

A *onisciência crítica*, ou *interpretativa*, é encontradiça nos escritores românticos. Haja vista estes exemplos de Camilo Castelo Branco e Alexandre Herculano:

> Em 1828, morrera o Morgado, e sucedera Miguel no vínculo, onerado de grandes dívidas. Muita gente espantou-se do favor que a Providência dá aos maus: gente vã dos seus juízos que quer com os olhos do rosto abranger o infinito dos juízos divinos. (Castelo Branco, 1975, p.271)

> A morte, esta ideia tremenda, indiferente ou formosa, segundo a vida é risonha, pálida e negra, veio suavizar o martírio daquela alma atribulada, como em estio ardente as grossas águas da trovoada refrigeram a terra, que estua sob os raios aprumados do sol. (Herculano, [s.d.]a, p.259-260)

Brooks e Warren (1959) observam ainda que o *autor onisciente* pode ter a sua onisciência limitada à mente de um só personagem – o principal – sendo as "outras pessoas apresentadas objetivamente, isto é, como se o fossem pelo método do auto-observador", acrescentando que essa é a situação usual nas narrativas curtas, em que não há tempo para a apresentação dos processos mentais de vários personagens.

Brooks e Warren (1959) não dão, porém, o destaque merecido a esse tipo de narrativa, em que a onisciência se limita à mente de um só personagem. Apenas mencionam dois contos analisados em seu livro, nos quais "o autor se limita à penetração e uma mente" – a do personagem principal – acrescentando que "em tais casos o foco narrativo sustenta o foco de caracterização, e tende a produzir um efeito unificado" (Brooks; Warren, 1959, p.659-660).

Ora, a narrativa de onisciência limitada à mente de um só personagem é muito importante. Apresentada cenicamente,[7] constitui o famoso método usado por Henry James em *Os embaixadores*. Método, aliás, inventado por ele, segundo afirma William York

---

7 Ao tratarmos, a seguir, da classificação de Friedman, nos referiremos à conceituação precisa de *cena*.

8   ALFREDO LEME COELHO DE CARVALHO

Tindall (1967), e utilizado com excepcional maestria por James Joyce (1974), no romance *Retrato do artista quando jovem*.

Tindall chama a este método *subjetivo-objetivo*, com muita propriedade, pois nele temos a apresentação *objetiva* (isto é, sem interferência do autor) da visão *subjetiva* do personagem principal. Também o denomina *impressionista*, o que é igualmente justificável, pois nele se apresentam as *impressões* do personagem principal, as quais nem sempre correspondem exatamente à objetividade dos fatos exteriores (Tindall, 1967, p.63).

Não se pense, porém, que nesse caso o autor fique totalmente omisso. Ele tem, naturalmente, de fixar a situação em que se encontra o personagem. Observe-se o seguinte trecho de James Joyce, que exemplifica o método:

> Durante essas paradas Stephen ficou desajeitadamente atrás dos dois homens, cansado do assunto e esperando, agitado, que a vagarosa marcha começasse de novo. Ao tempo em que eles tinham cruzado o quarteirão, a sua inquietude se tinha transformado em febre. Ele não entendia como seu pai, que sabia ser um homem astuto e desconfiado, podia ser enganado pelas maneiras servis do carregador; e o vivo linguajar sulista, que o tinha divertido toda a manhã, agora irritava os seus ouvidos. (Joyce, 1974, p.69)

Brooks e Warren (1959, p.660) contestam a afirmativa de que o uso da primeira pessoa, por ter as aparências de um testemunho de primeira mão, dê maior credibilidade à história. O leitor sabe, dizem eles, que esse método, como os outros, representa apenas uma convenção.

Ao afirmarem isso, entretanto, parecem não ter levado em conta o fato de que uma coisa é apreciação racional dos métodos, e outra o impacto momentâneo por eles produzido no leitor, mesmo no leitor de espírito crítico. Mais adiante voltaremos ao assunto, ao tratar do sistema de Manuel Komroff.

Aliás, após longa argumentação contrária, Brooks e Warren (1959, p.660) acabam por admitir a possibilidade desse efeito,

FOCO NARRATIVO E FLUXO DA CONSCIÊNCIA 9

ressalvando, entretanto, que "tal fator nunca pode ser tomado como fundamental na escolha do foco narrativo".

A classificação de Friedman

Norman Friedman[8] tratou extensamente do problema do foco narrativo. Friedman começa citando o crítico Joseph Warren Beach, para quem o maior feito da técnica novelística, desde os tempos de Henry James, foi o de fazer que "a história conte a si própria, sendo conduzida através dos personagens", com o progressivo "desaparecimento do autor" (Friedman, 1967, p.108).

Referindo-se a Beach e outros autores, Friedman (1967) se ocupa longamente da distinção entre *contar* (*telling*) e *mostrar* (*showing*) na arte narrativa, apontado a tendência, cada vez mais marcante no romance do século XX, para que o autor seja objetivo e nos apresente o evolucionar do enredo e dos personagens de maneira não optativa.[9]

Na segunda parte do artigo, Friedman (1967) sistematiza os principais problemas relativos ao assunto, por meio das seguintes perguntas: 1) quem fala ao leitor?; 2) de que posição (ou ângulo) narra?; 3) que canais de informação usa o narrador para levar a história ao seu leitor?; 4) a que distância coloca o leitor em relação à história?

Friedman (1967) classifica os métodos de *transmissão do material da história* da seguinte maneira: a) onisciência interpretativa;

---

8 Artigo originalmente publicado em 1955, na revista *PMLA* (vol.LXX). Posteriormente, foi reproduzido na coletânea *The Theory of the Novel* [A teoria do romance], organizada por Philip Stevick e publicada em Nova York pela editora The Free Press, em 1967. As páginas que citaremos a seguir se referem a essa edição.

9 Essa tendência é assinalada por Ortega y Gasset, em livro publicado em 1925 (*Ideas sobre la novela*): "É, pois, necessário que vejamos a vida das figuras romanescas, e que seja evitado referi-las. Toda referência, relação, narração, não faz senão salientar a ausência do que refere, relata e narra" (Ortega y Gasset, 1962, p.391, tradução nossa).

10 ALFREDO LEME COELHO DE CARVALHO

b) onisciência neutra; c) o "eu" como testemunha; d) o "eu" como protagonista; e) onisciência múltipla seletiva; f) onisciência seletiva; g) o método dramático; h) a câmera.[10] Essa classificação, como se vê, é mais completa que a de Brooks e Warren (1959). Tratemos inicialmente da *onisciência interpretativa*, seguindo a ordem estabelecida pelo autor. Aqui Friedman (1967, p.119-120) procura tornar bem clara a distinção entre *narrativa sumária* e *cena imediata*. Posteriormente, outros autores preferiram simplificar essas expressões, falando apenas em *cena* e *sumário*.[11] *Narrativa sumária*, diz Norman Friedman,

[...] é a relação ou exposição generalizada de uma série de acontecimentos ocorridos num período de certa extensão, em locais variados, e que parece ser a maneira normal, não sofisticada (*"untutored"*), de contar uma história; surge a *cena imediata* logo que começam a aparecer detalhes específicos, contínuos e sucessivos de tempo, lugar, ação, personagem e diálogo. Não é apenas o diálogo, mas o detalhe concreto, dentro de uma moldura específica de tempo e espaço que é a condição *sine qua non* da cena. (Friedman, 1967, p.119-120)

A explicação de Friedman é excelente. Como exemplo de *narrativa sumária* (ou simplesmente *sumário*) vem a calhar este trecho de José Lins do Rego:

---

10 No original: *editorial omniscience* (p.119), *neutral omniscience* (p.123), *"I" as witness* (p.124), *"I" as protagonist* (p.126), *multiple selective omniscience* (p.127), *selective omniscience* (p.128), *the dramatic mode* (p.129), *the camera* (p.130). A tradução *editorial omniscience* como *onisciência editorial*, que às vezes temos ouvido, parece-nos pouco própria, uma vez que o sentido do adjetivo *editorial*, assim como o substantivo *editor*, que a ele corresponde, difere bastante de um idioma para outro, pelo menos no uso comum atual. Em inglês *editor* é o preparador de uma edição, o qual pode, como tal, fazer observações críticas. *Onisciência editorial* nos parece, pois, um anglicismo totalmente dispensável, quando temos excelentes termos para substituí-lo, tais como *onisciência crítica*, *onisciência interpretativa*, *onisciência opinativa*.
11 Por exemplo, Booth (1967, p.154) e Surmelian (1969, p.28-31).

FOCO NARRATIVO E FLUXO DA CONSCIÊNCIA 11

Sinhá Josefina já estava ali há mais de dois anos. Viera tangida pela fúria dos soldados que haviam destroçado o reduto do Santo, em Pedra Bonita. E ali ficara depois de longas caminhadas pelas caatingas acompanhada do filho Bentinho. (Rego, 1953, p.7)

Como exemplo de *cena imediata* (ou, simplesmente, *cena*) podemos citar a passagem seguinte de Viana Moog:

Três horas da tarde. Um velho Ford parou em frente do casarão revestido de hera do Hotel Centenário. Desceu dele um homem ainda moço, de estatura mediana, com a roupa cor de chumbo coberta de pó e encaminhou-se para o saguão. Como não visse ninguém, bateu palmas.

Um rapaz alto, ruivo, de calças curtas, meteu a cabeça assustada na porta dos fundos, olhou para o recém-chegado e gaguejou: – *Einen Moment, bitte.* – Em seguida desapareceu. (Moog, 1957, p.13)

Voltando a tratar da *onisciência interpretativa*, explica Friedman (1967, p.121) que o autor usa esse método quando intervém no decurso da narração, para manifestar opiniões suas, pertinentes ou não ao assunto tratado.

Comparando-se o sistema de Brooks e Warren (1959) com o de Friedman (1967), observamos que há uma exata correspondência entre o que este chama de *editorial omniscience*, e que temos traduzido como *onisciência interpretativa*, e a função do *autor onisciente* ou *analítico* daqueles autores. Já exemplificamos o método com um texto de Camilo Castelo Branco e outro de Machado de Assis.

Quanto à *onisciência neutra* – conceito esse a que já fizemos alusão, mencionando Flaubert e *Madame Bovary* – caracteriza-se ela pela apresentação dos fatos de maneira impessoal e objetiva, abstendo-se o autor de emitir qualquer opinião. Isto não obsta a que o autor se manifeste, como observa Friedman (1967), por meio de personagens que se percebe serem os seus porta-vozes. É o caso, por exemplo, dos personagens Philip Quarles e Mark Rampion, no

12 ALFREDO LEME COELHO DE CARVALHO

romance *Contraponto*, de Aldous Huxley. Esse tipo de manifestação não afeta o método da *onisciência neutra*.

O conceito de *autor-observador*, de Brooks e Warren (1959), aproxima-se da *onisciência neutra*, de Friedman, não se identificando, porém, com ela. A diferença está em que o *autor-observador*, de Brooks e Warren, não penetra na mente dos personagens, limitando--se à apresentação da ação externa, ao passo que na *onisciência neutra*, de Friedman, o autor apenas se abstém de emitir opinião, dando-nos a conhecer, porém, o que vai no íntimo dos seus personagens.

Vemos assim que se mantivermos os conceitos de *autor-observador* e *onisciência neutra*, sem confundi-los, estaremos estabelecendo uma distinção proveitosa para a análise. Infelizmente, porém, esses termos não são suficientemente explicativos, não se excluem mutuamente, embora sejam diferentes as ideias que representam. Para evitar esse inconveniente, sugerimos o emprego das expressões *onisciência neutra externa* (em vez de *autor-observador*) e *onisciência neutra plena* (em vez de *onisciência neutra*).

Até aqui falamos da narrativa em terceira pessoa. Quanto à narrativa em primeira pessoa, Friedman (1967) a subdivide em dois tipos: o *eu-protagonista* e o *eu-testemunha*. Isto corresponde, em linhas gerais, à distinção feita por Brooks e Warren (1959), entre o "personagem principal que conta a sua própria história" e o "observador que é, em maior ou menor grau, um participante na ação".

Friedman assinala, quanto ao *eu-testemunha*, que nesse caso, embora o leitor tenha normalmente apenas uma visão de periferia, essa situação pode ser mais ou menos alterada, pela possibilidade que tem o narrador de entreter diálogo com vários personagens, ou de obter acesso a documentos importantes, conseguindo assim enfeixar pontos de vista diferentes, de fontes eventualmente bem informadas.

No caso de *eu-protagonista*, a visão do narrador não é periférica: é central. Tem, entretanto, a desvantagem de ser fixa. O *narrador protagonista* é um personagem que, por definição, é atuante, não podendo ser, ao mesmo tempo, espectador, crítico ou colecionador de opiniões alheias.

FOCO NARRATIVO E FLUXO DA CONSCIÊNCIA 13

A seguir, Friedman (1967) fala em dois outros tipos de foco narrativo: a *onisciência seletiva múltipla* e a *onisciência seletiva*, nessa ordem. Há no uso desses rótulos uma falha de expressão evidente. A colocação lógica de tais denominações seria a seguinte: *onisciência seletiva*, englobando a *onisciência seletiva simples*, ou *individual*, e a *onisciência seletiva múltipla*.

Para Friedman (1967), há na *onisciência seletiva* (*simples* ou *múltipla*) a "eliminação não somente do autor, que desaparecera na moldura do 'eu' como testemunha, mas também de todo e qualquer narrador". "Neste caso", diz ele, "o leitor não ouve a ninguém; a história vem diretamente através das mentes dos personagens, ao deixar ali a sua marca" (Friedman, 1967, p.127).[12] Para a *onisciência seletiva múltipla*, Friedman cita um exemplo tomado da obra de Virginia Woolf, *Rumo ao farol*:

Eles precisam encontrar uma saída. Poderia haver alguma maneira mais simples, algum modo menos laborioso, *suspirou ela*. Quando *ela olhou* no espelho e *viu* os seus cabelos grisalhos, as suas faces encovadas, aos cinquenta anos, *pensou*, talvez pudesse ter levado melhor as coisas – seu marido; o dinheiro; seu livro. (Woolf apud Friedman, 1967, p.127)

Ao fazê-lo, sublinha algumas palavras para mostrar que os fatos são apresentados não como o autor os vê, mas como o personagem os sente, numa sequência cênica. Nisto está a diferença entre este

---

12 Preferimos, neste caso, dar o original da citação, por nos parecerem estranhas duas expressões: "*Here the reader ostensibly listens to no one; the story comes directly through the minds of the characters as it leaves its mark there*". As expressões que nos causaram estranheza foram *directly through* (em vez de *directly from*) e *it leaves its mark there*. A primeira tem uma aparência contraditória: "diretamente através de". A segunda é, a nosso ver, inadequada: quanto ao foco narrativo, o importante é a marca que o personagem deixa na história, e não a marca que a história deixa no personagem. Seria diferente se estivéssemos falando da caracterização. Em relação ao ponto de vista, a marca imprimida aos acontecimentos, a possível deformação destes por uma formação defeituosa, da parte do personagem que narra, isto é que é relevante.

14 ALFREDO LEME COELHO DE CARVALHO

método e o da *onisciência neutra plena*: temos a sucessão imediata dos pensamentos e sentimentos do personagem, à medida que eles ocorrem.

Observe-se que o termo *onisciência seletiva* é insuficiente para caracterizar o método. Seria mais adequado dizer *onisciência direta*, por exemplo, ou *onisciência imediata*. De acordo, ainda, com a terminologia de Friedman, a *onisciência seletiva múltipla* se distingue da *onisciência seletiva*, pois no primeiro caso são apresentados os pensamentos de diversos personagens, e no segundo caso apenas de um personagem. Já notamos a falha implícita nesta última denominação.

O trecho de Virginia Woolf citado acima é de *onisciência imediata múltipla* (ou *onisciência seletiva múltipla*, segundo Friedman) porque em *Rumo ao farol* é apresentada a consciência de mais de um personagem. Como exemplo de *onisciência imediata simples* (ou *onisciência seletiva*, segundo Friedman) pode servir o trecho de James Joyce (1974) em *Retrato do artista quando jovem* que citamos algumas páginas atrás. Nesse livro só é apresentada a consciência de um personagem: Stephen Dedalus.

Deve ser encarada com cuidado a afirmação de Friedman (1967) de que no caso da *onisciência seletiva* o leitor "ostensivamente não ouve ninguém". Concordamos que ostensivamente não, mas veladamente sim, pois na verdade o leitor ouve alguém, que implicitamente lhe diz: o que estou afirmando não é o que vejo, mas o que o personagem sente. É esse alguém que diz que o personagem "suspirou" alguma coisa, "pensou" algo.

Friedman (1967) fala ainda na possibilidade da apresentação *dramática* do romance. Este pode desenvolver-se por meio de diálogos, em que a interferência do autor seja mínima, restrita a indicações que equivalham à marcação (*stage directions*). É patente a semelhança deste último método com o do *autor-observador*, da classificação de Brooks e Warren (1959), como já notamos, exemplificando com o romance de Henry James *The Awkward Age*.

Há, finalmente, no artigo de Friedman (1967), uma referência à visão absolutamente passiva e não interferente da *câmera*

FOCO NARRATIVO E FLUXO DA CONSCIÊNCIA   15

cinematográfica, em que ficaria totalmente eliminado o autor. Friedman faz severas restrições a esse método, afirmando que juntamente com a extinção do autor ocorreria também a extinção da ficção como arte.[13]

O exemplo citado por Friedman aparece no início da obra *Adeus a Berlim*, de Christopher Isherwood, publicada em 1939:

> Sou uma câmera, com o obliterador aberto, registrando de maneira absolutamente passiva, sem pensar. Registrando o homem que se barbeia na janela oposta e a mulher de quimono que lava os cabelos. Algum dia, tudo isto deverá ser revelado, cuidadosamente impresso, fixado.[14]

Diz Friedman que faz referência a esse ponto de vista mais por amor à simetria, para mostrar o que lhe parece ser "o máximo em exclusão do autor". Na verdade, porém, o trecho de Isherwood representa uma parcela mínima do ponto de vista por ele adotado em *Adeus a Berlim*, onde predomina a narrativa normal em primeira pessoa. Ao que sabemos, nunca ninguém adotou tal processo, de maneira sistemática, num romance.

Referindo-se ao trecho citado de *Adeus a Berlim*, Friedman (1967) critica o método, deixando, porém, de observar a parcimônia com que Isherwood o empregou, e que, mesmo aí, a exclusão

---

13 "Talvez, entretanto, com a extinção final do autor, a ficção, como arte tornar-se-á também extinta, pois essa arte, se por um lado exige um certo grau, pelo menos, de vivacidade objetiva, exige também, parece-me, uma estrutura, o produto de uma inteligência condutora que está implícito na narrativa e que dá forma ao material [...]". E acrescenta: "Argumentar que a função da Literatura é transmitir sem alterações uma fatia de vida é não entender a natureza fundamental da própria linguagem: o próprio ato de escrever é um processo de abstração, seleção, omissão e organização" (Friedman, 1967, p.131).

14 "I am a camera with its shutter open, quite passive, recording, not thinking. Recording the man shaving at the window opposite and the woman in the kimono washing her hair. Some day, all this will have to be developed, carefully printed, fixed" (Isherwood, 1939, p.1). O trecho citado aparece na página 130 da coletânea onde se inclui o artigo de Friedman.

16   ALFREDO LEME COELHO DE CARVALHO

do autor é apenas aparente: na verdade é ele quem escolhe o que a *câmera* deve ver, e o acaso fingido das cenas apresentadas não passa de um artifício literário. A visão crítica do autor evidentemente aprovou o que deveria ser registrado.

Dadas as ambiguidades a que está sujeito o uso do termo *câmera*, propomos que este tipo de ponto de vista seja denominado *registro casual*.[15]

Finalmente, tendo em vista o caráter básico que pretendemos dar a esta parte do nosso trabalho, cabe aqui mais uma observação. Friedman (1967) – como Brooks e Warren (1959) – não alude à possibilidade do emprego da narrativa da segunda pessoa, raro e artificial, mas a que faz referência Wayne C. Booth (1967), com menção do livro de Michel Butor, *A modificação* (1957), cuja narrativa vai seguindo com frases deste teor: "Você pôs o pé esquerdo... Você desliza através da estreita abertura [...]. Seus olhos estão meio abertos [...]". Comenta Wayne Booth que, estranho como possa parece, o leitor logo se habitua com essa maneira de narrar (Booth, 1967, p.150, nota).

As "visões" de Jean Pouillon

Embora a expressão *ponto de vista* (*point de vue*) seja de uso comum em francês,[16] mesmo como termo técnico da crítica

---

15   Não se deve confundir este método com o usado por John dos Passos na trilogia *U.S.A.*, nas seções por ele denominadas "O olho da câmera". Deve-se reconhecer uma certa aproximação entre eles, porque, como explica Joseph Warren Beach, Passos, nessas seções procura "indicar um modo de ver as coisas direta ou ingenuamente, antes que o processo de interpretação e eliminação tenha intervindo para dar um aspecto de ordem ao que é visto e encaixá-lo numa visão da vida coerente e idealista" (Beach, 1932. p.506-507). Nesse trecho de Passos, entretanto, entra muito mais o pensamento aparentemente desordenado, característico da *stream of consciousness*, do que a visão casual de fatos exteriores. Também não se deve confundir o método da câmera a que se refere Friedman, com a *câmera autoral* de Uspenski (esta, ostensivamente dirigida), que mencionaremos mais adiante.

16   Com pouca diferença da definição que já citamos, encontrada em *Caldas Aulete*, diz o *Petit Larousse* (1959. p.1113): "Point de vue, *endroit d'òu l'on voit le mieux*

FOCO NARRATIVO E FLUXO DA CONSCIÊNCIA   17

literária,[17] Jean Pouillon (1974), ao tratar do assunto – *O tempo no romance* –,[18] preferiu usar, nesse sentido, a palavra *vision*.

Segundo Pouillon (1974), o que importa não é o fato de a narrativa ser em primeira ou terceira pessoa. O que realmente vale é a *proximidade* dos acontecimentos narrados em relação a um determinado "eu", ou a sua *dispersão*, sob a égide do *autor onisciente*.

Assim os pontos de vista, ou *visões*, ficam divididos em três blocos distintos, que ele chama de *visão com* (*vision avec*), *visão por trás* (*vision par derrière*) e *visão de fora* (*vision par dehors*).

Na *visão com*, a narrativa fica limitada ao campo mental de um só personagem. A apresentação desse campo mental pode ser feita tanto na primeira pessoa como na terceira pessoa.

Na *visão por trás*, a narrativa é caracterizada pela onisciência do autor, que pode penetrar na mente de vários personagens – não se concentrando, porém, em nenhum – e fazer comentários.

A *visão de fora*, corresponde a uma narrativa baseada na observação de fatos externos, sem comentários e sem conhecimento da vida interior dos personagens.

Comparando-se o sistema de Pouillon (1974) com outros já analisados, vemos que o que ele chama de *visão de fora* tem o seu equivalente no *método dramático* de Friedman, e no *autor-observador* de Brooks e Warren. Enfim, é o caso de *Os assassinos* (Hemingway apud Brooks; Warren, 1959) e "A noiva do diabo" (Trevisan, 1975b).

---

un paysage, un édifice etc.: découvrir un beau point de vue; au fig., *manière de considerer les choses pour les juger*: examiner une question du point de vue de l'honneur" [Trad.: *Ponto de vista*, lugar de onde se vê melhor uma paisagem, um monumento etc.: *descobrir um bom ponto de vista; fig.*, modo de considerar as coisas para julgá-las: *examinar uma questão do ponto de vista da honra*.] É curioso notar que, na antiga gramática de João Ribeiro, *ponto de vista* é tido como "galicismo apontado pelo uso geral" (Ribeiro, 1907, p.248). Aliás, Frei Francisco de São Luís o arrola entre os galicismos, dando, porém, um exemplo de Padre Manuel Bernardes que atesta a sua antiguidade: "Uma imagem primorosa, para ver se tem defeito por alguma parte, a viramos de muitos modos, e a contemplamos a várias luzes, isto é em vários pontos de vista" (1827, p.107).

17 Veja-se, por exemplo: Ducrot; Todorov, 1972, p.411-416.
18 A primeira edição data de 1946.

18   ALFREDO LEME COELHO DE CARVALHO

A *visão por trás* corresponde ao método do *observador onisciente ou analítico* de Brooks e Warren (1959), e à *onisciência interpretativa* (*editorial omniscience*) de Friedman (1967). Vemos que o caso mais complexo é o da *visão com*. Esta inclui não só dois casos de narrativa em primeira pessoa (*narrador personagem principal* e *narrador personagem observador*, de Brooks e Warren (1959); *"eu" protagonista* e *"eu" testemunha*, de Friedman), como também o que chamamos de *onisciência direta, ou imediata, simples,* e que Friedman (1967) denomina apenas *onisciência seletiva* (o método utilizado em *Retrato do artista quando jovem*.

A classificação das *visões* de Jean Pouillon (1974) é bem interessante para a percepção de certas afinidades. O englobamento de narrativas em primeira e terceira pessoa num só "modo de visão" é útil para mostrar o que elas têm de comum em certos casos, e que fica às vezes obscurecido. O sistema de Pouillon parece-nos insuficiente, todavia, para representar toda a complexidade do problema do foco narrativo.

Antes de encerrarmos este item, desejamos fazer mais duas observações. A primeira se refere à *visão de fora*, que Pouillon desvaloriza sem exemplificar, o que dificulta a nossa apreciação (Pouillon, 1974, p.78-79, inclusive a nota 8). Também não esclarece se estende essa desvalorização também ao conto, ou se a limita ao romance. Em nossa opinião o método pode ser excelente para o conto, como se pode ver, por exemplo, em "Os assassinos".

A outra observação diz respeito ao que afirma Pouillon (1974) quanto à *visão por trás*, isto é, à visão interpretativa, que só pode ocorrer em narrativas na terceira pessoa. Diz ele que na *visão por trás* existe "um privilégio inadmissível do autor frente ao leitor: o primeiro é o único a conhecer o final da história e só o explica ao leitor numa ordem arbitrária, que falseia o tempo sem respeitar a psicologia, pois nada justifica que o leitor esteja menos informado do que o autor a respeito do que este lhe apresenta" (Pouillon, 1974, p.65).

Ora, esse "privilégio" também ocorre em outros tipos de narrativa. Em toda narrativa em primeira pessoa, o narrador é também quem determina o final da história, que ele (excetuado o caso de

FOCO NARRATIVO E FLUXO DA CONSCIÊNCIA 19

diários) formalmente conhece desde o início, e pode organizar uma ordem temporal a seu modo, acrescentando, se quiser, as explicações cabíveis. Nas narrativas em terceira pessoa que têm como centro a consciência de um personagem, não havendo intrusão do autor (portanto, narrativas de *visão com*), alterações arbitrárias da ordem cronológica também podem ocorrer, tornando, é claro, a obra mais difícil para o leitor.

O sistema de Manuel Komroff

No *Dictionary of World Literary Terms* [Dicionário de termos literários mundiais], organizado por Joseph T. Shipley[19] (1970, p.356-357), há um excelente artigo sobre o foco narrativo, assinado por Manuel Komroff.

Komroff divide os focos narrativos em dois tipos principais: o ponto de vista *interno* e o ponto de vista *externo*. No ponto de vista *interno*, que corresponde sempre a uma narrativa em primeira pessoa, o narrador toma parte nos acontecimentos. É um dos "atores".

O ponto de vista *externo* é o de alguém que não "toma parte na história", uma mente externa aos acontecimentos. E acrescenta que nesse caso a narrativa é *geralmente* na terceira pessoa. Admite, portanto, que possa ocorrer também na primeira pessoa, o que parece estranho, uma vez que teríamos assim um narrador de primeira pessoa que não seria um participante, nem sequer secundário: "há também uma história interna, ou de primeira pessoa, que é narrada por um personagem secundário e não pelo herói", diz ele. Komroff provavelmente quer referir-se a histórias tais como "Singular ocorrência", de Machado de Assis (1977b, p.88-95), e "Corte de cabelo", de Ring Lardner (1973, p.165-176), em que a atuação do narrador é tão pequena que ele poderia ser considerado, praticamente, como apenas um observador.

---

19 A edição anterior, de 1964, foi publicada com o título *Dictionary of World Literary*.

20 ALFREDO LEME COELHO DE CARVALHO

Note-se que embora os sistemas de Komroff e Pouillon sejam diferentes, eles têm em comum uma característica: a ausência de distinção rígida entre narrativas de primeira e terceira pessoa. Komroff assinala com detalhe as vantagens e os defeitos que vê nos dois tipos de foco narrativo característicos de sua classificação. Trata inicialmente do ponto de vista *interno* em que o narrador é o protagonista (*leading actor*), ocorrendo então uma "fingida autobiografia".

As vantagens no caso seriam a maior facilidade para que o leitor aceite uma história estranha ou sobrenatural, uma vez que o narrador se apresenta como tendo vivido as aventuras narradas; a maior intensidade e intimidade da experiência narrada em primeira pessoa; e, finalmente, a aptidão do "eu" para dar unidade à história.

Essas pretendidas vantagens dão margem a alguns reparos. Da primeira tratamos ao discutir o sistema de Brooks e Warren. Achamos que Komroff tem razão, uma vez que, embora a narrativa em primeira pessoa seja uma convenção literária, que racionalmente não engana o leitor – pelo menos o leitor contemporâneo: seria arriscado dizer o mesmo, por exemplo, dos primeiros leitores de *Robinson Crusoé* –,[20] ela produz um impacto imediato pré-racional que certamente contribui para a "suspensão da descrença".

Quanto à segunda vantagem apontada por Komroff – a da imediação emocional – convém lembrar que a narrativa em primeira pessoa supõe sempre uma distância temporal entre o narrador – que conta – e o personagem – que atua. Isto diminui a imediação

---

20 Leia-se a ingênua apreciação que faz, em 1872, o nosso J. C. Fernandes Pinheiros: "Dentre as obras de Foe a que mais contribuiu para imortalizar-lhe o nome foi por certo o romance intitulado *Aventuras de Robinson Crusoé*, vendido a um livreiro por dez libras esterlinas, e do qual se têm tirado numerosas edições em quase todas as línguas cultas, sendo ainda hoje um dos livros mais populares na Inglaterra. Impossível é encontrar uma ficção melhor sustentada, interesse mais vivo, lições mais proveitosas, personagens mais verossímeis, fazendo acreditar o complexo destas circunstâncias que o autor não fantasiaria um romance, mas escrevera uma verídica história. Parece, porém, hoje averiguado que se o fato pertencia ao domínio da realidade, os acessórios foram todos ministrados pelo talento narrativo de Foe" (Pinheiros, 1872, v.I, p.282).

FOCO NARRATIVO E FLUXO DA CONSCIÊNCIA 21

emocional. Se por um lado a identidade de pessoa é uma força positiva nesse sentido, por outro, a distância temporal tem valor negativo.

A terceira vantagem tem contra si a objeção de Aristóteles que afirma, em *Poética*, que o enredo tem unidade

> [...] não por se referir a uma só pessoa, como creem alguns, pois há muitos acontecimentos e infinitamente vários, respeitantes a um só indivíduo, entre os quais não é possível estabelecer unidade alguma. Muitas são as ações que uma pessoa pode praticar, mas nem por isso elas constituem uma ação una. (Aristóteles, 1966, p.77)

A objeção de Aristóteles é válida. Não se pretende, é claro, negar o fato de que a simples identidade do herói, por si, crie uma certa ligação entre os episódios, mas apenas acentuar como é tênue a unidade que daí resulta.

Tratando ainda do ponto de vista *interno* em que o narrador é o protagonista, Komroff assinala também os defeitos que vê nesse tipo de narrativa: o narrador não tem acesso aos pensamentos dos outros personagens; o protagonista que narra não pode fazer de si próprio uma adequada apreciação (que seria importante, dado o seu relevo na história); é às vezes difícil conciliar a pessoa do narrador com o talento literário que aparenta ter. Quanto a este último problema, Komroff não o considera realmente importante: para ele, o leitor, por uma convenção literária, geralmente aceita sem dificuldades que pessoas de escassa instrução sejam hábeis e competentes narradores, como ocorre em *Robinson Crusoé*. Um problema desse tipo ocorre no conto "Ladrão", de Viriato Correia (1957, v.I, p.79-83), em que o protagonista caboclo faz uma hábil narrativa, com riqueza e propriedade vocabular.

Além dos pontos de vista já mencionados, Komroff indica ainda uma outra possibilidade, que é a *narração da história por diferentes personagens*: "As vantagens desse tipo de história são óbvias. A desvantagem é um enfraquecimento da unidade, a menos que o drama seja vigoroso, e natural a sequência das várias experiências". Por

22 ALFREDO LEME COELHO DE CARVALHO

esse comentário, vê-se que Komroff tem em mente uma história única, fragmentada em narrativas de partes sucessivas, por diversos personagens. A boa execução de um tal tipo de narrativa é realmente difícil. Muito mais interessante é o modelo de um conjunto narrativo em que vários personagens contêm, um de cada vez, a mesma história, vista de ângulos diferentes. É o que foi realizado por Faulkner em *Absalão, Absalão!*, e por Joyce Cary, na trilogia constituída de *Herself Surprised* [Ela mesma surpresa] (1941), *To Be a Pilgrim* [Ser um peregrino] (1942) e *The Horse's Mouth* [A boca do cavalo] (1944). Dalton Trevisan mostrou como o método pode ser, eficazmente, aplicado ao conto, em "Em manobra" (1965, p.107-112). Este é um método realmente notável, que, mostrando fatos que uns veem e outros não, desnuda a parcialidade das interpretações humanas.

Quanto ao ponto de vista *olímpico*, isto é, um ponto de vista externo em que a narrativa é feita por alguém que tudo sabe a respeito de todos, a desvantagem que Komroff lhe aponta é a diminuição da vida e da intimidade. Komroff faz ainda referência ao narrador de terceira pessoa que se limita a descrever o que "pudesse ser visto externamente por uma testemunha dos acontecimentos".

Caberia ainda fazer uma distinção – que não é feita por Komroff – entre o *narrador olímpico* que *faz comentários* (como Thackeray, como Camilo), e o que é mais *objetivo*, apresentando apenas os fatos externos e os pensamentos dos personagens, sem se pronunciar sobre eles (como Flaubert). Enfim, a distinção a que já nos referimos, entre *onisciência interpretativa* e *onisciência neutra*.

Komroff fala ainda na possibilidade de apresentação dos acontecimentos por meio da *mente singular de um dos personagens*, sem mais esclarecimentos, referindo-se provavelmente àquilo que chamamos de *onisciência simples imediata*.

Menciona-se ainda no artigo de Komroff o que poderíamos traduzir como ponto de vista *mutante* (*shifting view-point*), isto é, aquele que varia na mesma obra. É citado o romance *A casa abandonada*, em que ponto de vista *olímpico* alterna com o ponto de vista *interno*, de primeira pessoa, sem que – diz Komroff – o leitor se dê conta disso. O mesmo ocorre, acrescenta, em *Guerra e paz*. Em

FOCO NARRATIVO E FLUXO DA CONSCIÊNCIA   23

O médico e o monstro, a narrativa se dá de um ponto de vista *externo*, mas o último capítulo, que é uma confissão, é narrado em primeira pessoa, diz Komroff, "para acrescentar intimidade e reforçar a crença". Komroff deixa de citar o conhecido caso de *Moby Dick*, onde são apresentados pensamentos do Capitão Ahab que não poderiam ser conhecidos do narrador Ishmael.

Komroff defende o ponto de vista *mutante*, alegando que geralmente as mudanças passam despercebidas ao leitor. É um julgamento com que não concordamos. Ao perpetrar essa falha lógica, o autor se expõe a grande perigo, pois o leitor que reflexiona criticamente percebe a incoerência, e não pode deixar de condená-la. Veja-se, por exemplo, o conto "Rio Turvo", do, aliás notável, escritor português Branquinho da Fonseca ([s.d.], p.9-53), em que, inexplicavelmente, o narrador-protagonista descreve sentimentos da principal personagem feminina, aos quais ele não poderia ter acesso. A percepção da falha quebra o fio da narrativa, prejudicando-a.

Há um caso, porém, em que o foco narrativo *mutante* pode ocorrer sem prejuízo da lógica. Está exemplificado no conto "O guarda-chuva", de Eneida de Morais (1957, v.I, p.31-34). Ali, o corpo da narrativa está na primeira pessoa: "Passei oito dias sem saber o que fazer: comprar ou não comprar o guarda-chuva [...]". Entretanto, há no fim do espaço gráfico, após o qual a narrativa passa para a terceira pessoa: "A voz de José fez-se doce [...]" (Morais apud Ramos, 1957, p.X). Assim, a primeira e maior parte – subjetiva – fica como que englobada numa moldura exterior objetiva. É como se o autor, implicitamente, afirmasse: vejam o que o personagem principal pensou e disse, antes desse momento final em que acalenta o filho para dormir. Esse tipo de foco narrativo *mutante* é eficaz não porque o leitor não perceba a sua ocorrência, mas porque encontra uma justificativa lógica para ela.

24 ALFREDO LEME COELHO DE CARVALHO

Sistemas e notas complementares

a) As observações de Percy Lubbock

Em seu famoso livro *A técnica da ficção*,[21] o crítico inglês Percy Lubbock (1964), ao analisar uma série de romances, que vai de *Guerra e paz*, de Tolstói, até as obras de Henry James, faz interessantes observações a respeito da *arte da ficção*, que, aliás, ele distingue da *arte da narrativa*.

A *arte da ficção*, segundo Lubbock, não pode apelar para nenhuma autoridade fora do próprio livro. Como exemplo de *arte da narrativa*, menciona as histórias de Defoe, em que é afirmada uma pretensa "verdade histórica" (Lubbock, 1964, p.62).

Esta distinção, que faz Lubbock, leva-o a uma outra, posteriormente citada e debatida: a diferença entre *narrar* (*telling*) e *mostrar* (*showing*). Tal distinção se relaciona estreitamente com o problema da intervenção do autor, ou do seu retraimento, em relação à história.

Dá Lubbock como exemplo de autor que intervém, Thackeray; como exemplo de autor que se retrai e apenas apresenta os acontecimentos (intervindo às vezes, porém de modo muito sutil), Flaubert.

Reconhece Lubbock, porém, que há um certo exagero na alusão que geralmente se faz à "impessoalidade" de Flaubert (Lubbock, 1964, p.67-68). No que tem razão. Na verdade diríamos que em *Madame Bovary* a presença do autor está nitidamente marcada (o que seria fácil provar), sendo, porém, é claro, muito mais discreta que a existente em *A feira das vaidades*, de Thackeray.

Relacionada com a distinção entre *narrar* e *mostrar*, está a diferença que Lubbock estabelece entre *cena* e *panorama*. Na *cena* o autor nos apresenta fatos específicos, que ocorrem numa sequência temporal; no *panorama* o autor abarca um período de tempo maior, que é resumido em certas indicações.[22] Devido a esse aspecto de condensação é que vingou posteriormente o termo "sumário"

---

21 Publicado originalmente em 1921.
22 Cf. Lubbock, 1964, p.67, 69, 72.

FOCO NARRATIVO E FLUXO DA CONSCIÊNCIA   25

(*summary*), hoje em dia muito mais usado que "panorama". Ao tratar da classificação de Friedman, já observamos o uso que este faz da distinção entre *cena imediata* e *narrativa sumária*. Não é preciso dizer que tais ideias estão evidentemente calcadas na distinção feita por Lubbock, cuja obra é muito anterior.

No capítulo sobre Flaubert, trata Lubbock de outro problema de capital importância: aquilo a que ele chama de *centre of vision* [centro de visão], isto é, o personagem com quem o autor deve identificar--se e atrás do qual há de ver as coisas.[23] No caso de *Madame Bovary*, Lubbock considera que isto se dá, sem dúvida, com a própria Emma (p.75), sendo necessária, porém, às vezes, uma mudança de visão para explicar aquilo que não pode ser observado pela falta de sutileza de sua mente (p.87).

Se compararmos, porém, o que se passa em *Madame Bovary* com aquilo que o próprio Lubbock diz da obra *Os embaixadores*, de Henry James, ou com aquilo que podemos observar em *Retrato do artista quando jovem*, de James Joyce, por exemplo, veremos que seria mais adequada no caso a expressão *foco de caracterização*, criada por Brooks e Warren, para definir a situação de Emma, do que propriamente o termo *centro de visão*. Isto porque em *Madame Bovary* a presença do autor é ainda muito grande, se comparada com a existente nas obras que acima citamos.

Passando de Flaubert a Henry James, Lubbock salienta a importância da visão do personagem na obra deste último. Em James passa a existir o ponto de vista do personagem, que funciona como *refletor* ou *centro*, do *seeing eye*, com o qual se identifica a visão do próprio leitor. É o método que Tindall (1967) veio a chamar de *subjetivo--objetivo*, como dissemos.

---

23 "Mas o mais óbvio ponto do método é sem dúvida a difícil questão do centro de visão. Com qual dos personagens, se é que com algum deles, o escritor deve se identificar, isto é, ficar atrás?" (Lubbock, 1964, p.73, tradução nossa). Nesta última expressão Pouillon poderá ter-se inspirado para cunhar o termo *vision par derrière* [visão por detrás].

26 ALFREDO LEME COELHO DE CARVALHO

Lubbock distingue *ficção* de *narrativa*, alegando, como vimos, que a verossimilhança da primeira não pode depender de nenhuma autoridade externa. A narrativa, diz ele,

> [...] – como nas histórias de Defoe, por exemplo – deve procurar apoio alhures; Defoe produziu-o pela afirmação da veracidade histórica de suas histórias. Mas em um romance – no sentido estrito da palavra – uma afirmação dessa espécie é, sem dúvida, absolutamente irrelevante; a coisa tem de *parecer* verdadeira, nada mais que isso. E não é com uma simples afirmação que se faz com que ela pareça verdadeira. (Lubbock, 1964, p.62)

Poderia objetar-se a essas considerações de Lubbock o fato de que, realmente, ao menos para o leitor moderno dotado de um grau mínimo de espírito crítico, as histórias de Defoe pouco ou nada dependem, quanto à verossimilhança – isto é, quanto à sua capacidade para produzir a "suspensão da descrença" –, de uma simples assertiva do autor. Tal assertiva bem se entende que é apenas uma convenção literária. Dizer o contrário seria supor, por exemplo, que o leitor acreditasse nas afirmativas de Cervantes de haver comprado os originais de *Quixote*, escritos por um Cid Hamete Benengeli, fazendo-o traduzir, depois, do árabe. Ou que fosse crível, literalmente, a alegação de Huxley de haver encontrado, já feito e por acaso, o roteiro cinematográfico que se menciona no início de *O macaco e a essência*. Citando o caso de Pushkin, que publicou *A filha do capitão* como se fossem memórias reais de Piotre Griniov, diz o crítico russo B. Tomachevski que tal ilusão só é válida para o leitor ingênuo, acrescentando:

> Para um leitor mais avisado, a ilusão realista toma a forma de uma exigência de verossimilhança. Conhecendo bem o caráter inventado da obra, o leitor exige, entretanto, uma certa correspondência com a realidade e vê o valor da obra nessa correspondência. (Tomachevski apud Todorov, 1965, p.284-285, tradução nossa)

FOCO NARRATIVO E FLUXO DA CONSCIÊNCIA   27

Lubbock emprega uma terminologia que veio a ser bastante usada posteriormente. Fala em *centro de visão (centre of vision)* (Lubbock, 1964, p.73), expressão evidentemente calcada em Henry James, porém mais precisa, em *ângulo de visão (angle of vision)* (p.189) e em *visão estereoscópica*.[24] Por *visão estereoscópica* entende Lubbock a apresentação de um personagem surpreendido de diversos ângulos. É o que, segundo ele, Henry James conseguiu, em *As asas da pomba*, com a personagem Milly (Lubbock, 1964, p.178-179).

Por uma questão de método, preferimos, alterando a ordem cronológica, tratar antes de Percy Lubbock, para passarmos depois à consideração de Henry James, o que faremos a seguir.

b) O método e a terminologia de Henry James

Ao reeditar – sob o título *The Art of the Novel* – os prefácios que, em fase tardia de sua vida, fez Henry James para os seus romances, destaca R. P. Blackmur os temas mais salientes de suas observações críticas, entre os quais se alinha a exigência básica de uma "excelente inteligência ao centro" (*the plea for a fine central intelligence*) (Blackmur, 1962, p.18-19).

Este ponto é importante que o crítico norte-americano James E. Miller Jr. (1972), autor de uma excelente antologia dos trabalhos críticos de Henry James, ordenada por assuntos, faz uma distinção entre o destaque dado por este a um personagem central e o problema do ponto de vista propriamente dito, organizando separadamente os excertos relativos a um e outro tópico (Miller Jr., 1972, p.152). Há nisto uma conveniência metódica, dada a multiplicidade

---

24 O *Webster's Seventh New Collegiate Dictionary* define "estereoscópico" da forma seguinte, à qual demos versão portuguesa: "instrumento ótico com duas lentes, para ajudar o observador a combinar as imagens de duas figuras tomadas de pontos de vista um pouco distantes, obtendo-se assim o efeito de solidez ou profundidade" (1967, p.859).

28 ALFREDO LEME COELHO DE CARVALHO

de referências ao personagem central, mas os dois assuntos estão indiscutivelmente ligados.

Ao nos referirmos ao conceito crítico de Henry James, faremos uso da antologia de Miller Jr. (1972), e da já citada coletânea de R. P. Blackmur (1962). Antes disso, porém, desejamos reportar-nos ao ensaio "The Critical Theory of Henry James" [A teoria crítica de Henry James], de René Wellek (v.XXX, p.293-321), publicado em 1958.

Wellek comenta a desaprovação de James à interferência do autor, especialmente quando ela faz de maneira tão direta que este chega a afirmar poder modificar a narrativa a seu talante. Isto é, para James, uma traição à arte, um verdadeiro crime.[25]

Como James reprova também a narrativa em primeira pessoa, nas obras de maior extensão, por julgá-la condenada à dispersão (*looseness*), e não é favorável à aproximação exagerada da ficção ao drama – ao seu ver, o ideal é uma alternância de narrativa, descrição e diálogo –, a única solução passa a ser o método especial que o mesmo James preconiza.

Nesse método, como explica W. Y. Tindall (1967), o autor tem uma função bem específica, e extremamente discreta: "não o que ele observa, mas o observador observando é o assunto, e a mente deste o nosso teatro" (Tindall, 1967, p.63).

Para indicar esse personagem central, em cuja mente se apresentam os acontecimentos, Henry James se vale de diversos termos. Ora o chama de *center* (centro), *register* (aquele que registra) ou *reflector* (refletor),[26] ora de *sentient subject*[27] (sujeito sensível), ou ainda *perceiver*[28] *(observador)*, *vessel of consciousness*[29] (vaso da consciência), *mirror*[30] (espelho), *central light*[31] (luz central).

---

25 "[...] *such a betrayal of a sacred office seems to me, I confess, a terrible crime*" (apud Wellek, 1958, p.309). [Trad.: "como uma traição de um ofício sagrado parece-me, eu confesso, um crime".]

26 Cf. o prefácio a *The Wings of the Dove* apud Miller Jr., 1972, p.246-247.

27 Cf. o prefácio a *The Golden Bowl* apud Miller Jr., 1972, p.252.

28 Cf. o prefácio a *The Princess Casamassima* apud Miller Jr., 1972, p.241.

29 Cf. o prefácio a *The Princess Casamassima* apud Miller Jr., 1972, p.236.

30 Cf. o prefácio a *The Princess Casamassima* apud Miller Jr., 1972, p.240.

31 Cf. o prefácio a *The Princess Casamassima* apud Miller Jr., 1972, p.313.

FOCO NARRATIVO E FLUXO DA CONSCIÊNCIA   29

Como nota de René Wellek (1958), para James é muito importante que esses *refletores* tenham uma sensibilidade adequada: "Tudo depende da qualidade da consciência, e não do mero estratagema do foco, ou de um narrador intermediário" (Wellek, 1958, p.313). James critica em *Madame Bovary* a "pobreza" da consciência de Emma, e, no prefácio a *The Princess Casamassima* [A princesa Casamassima], valoriza os *refletores* sensíveis – *intense perceivers* (Blackmur, 1962, p.71).[32] Para James, os acontecimentos em si não têm relevo e direção, a menos que estejam refletidos numa consciência de grande sensibilidade.[33]

Devemos notar ainda a referência que faz Henry James ao uso de crianças como *reflectores*, analisando o caráter peculiar do tipo de narrativa assim produzido, assunto esse cujas ressonâncias veremos, mais adiante, em outro autores.[34]

c) As distinções de Wolfgang Kayser

Wolfgang Kayser (1970) faz interessantes observações[35] acerca da arte narrativa, relacionadas com o ponto de vista. Reportando-se às profundas alterações sofridas pelo romance até chegar às suas formas atuais, Kayser menciona "um historiador do romance inglês" que, 25 anos antes (da data da publicação do seu artigo), já dizia o seguinte:

---

32 Cf. também Wellek, 1958, p.313.

33 "Eu confesso que nunca vi o interesse predominante de qualquer acaso humano, mas na consciência (por parte do que move é movido) sujeito a intensificação de acrescentamento. Espelha-se na consciência que os completos tolos, os rematados tolos, desempenham a sua parte para nós. Eles têm muito menos para demonstrarmos em si próprios" (Blackmur, 1962, p.239, tradução nossa).

34 Cf. o prefácio a *What Maisie Knew* apud Miller Jr., 1972, p.245-246.

35 Tais observações encontram-se em artigo publicado em alemão em 1955, e traduzido depois para o francês (Cf. Kayser, 1970, p.498-510).

30 ALFREDO LEME COELHO DE CARVALHO

Se se observa rapidamente o conjunto dos romances ingleses desde Fielding até os nossos dias, a gente se impressiona, antes de tudo, com o desaparecimento do autor.[36]

Kayser lembra ainda a opinião de Virginia Woolf, para quem a figura do narrador *olímpico, onisciente*, era incompatível com a provada "obscuridade impenetrável" da vida, que só se poderia representar de maneira parcial.[37]

No que diz respeito ao foco narrativo, os principais assuntos tratados nesse artigo são os seguintes: a distinção entre o autor e o narrador; o narrador secundário; a quebra de coesão narrativa (ou ponto de vista *mutante*); a convenção da perfeita memória do narrador e, finalmente, o leitor como criatura ficcional. Vejamos, com algum detalhe, cada um desses tópicos.

"Na arte da narrativa", diz Kayser, "o narrador nunca é o autor – conhecido ou não – mas um papel inventado e adotado pelo autor". E justifica: "Para ele [o leitor], Werther, D. Quixote, ou Madame Bovary, existem realmente; ele está afinado com o seu universo poético". Ora, deduz-se que quem fala como se realmente acreditasse na existência dessas figuras não é uma pessoa real. Mais adiante diz Kayser que o narrador nada mais é que "um personagem de ficção, resultante da metamorfose do autor". Isto, naturalmente, faz diminuir a importância da distinção entre narrativa em primeira pessoa e em terceira pessoa, chegando Kayser ao ponto de dizer que ela "desaparece" (1970, p.504 e 507, respectivamente).

Kayser, entretanto, vai além disso, caracterizando também o leitor como uma "criatura ficcional". "Enquanto indivíduos diferentes e dotados de um estado civil", diz ele, "sabemos, com efeito, que Werther, Tom Jones e D. Quixote não existiram verdadeiramente,

---

36 Kayser parece referir-se a Joseph Warren Beach, que, efetivamente, diz o seguinte: "Numa vista superficial do romance inglês de Fielding to Ford, a única coisa que os impressiona mais do que qualquer outra, é o desaparecimento do autor" (Beach, 1932, p.14).

37 Infelizmente, Kayser não nos dá a indicação precisa de onde se encontra o texto de Virginia Woolf.

FOCO NARRATIVO E FLUXO DA CONSCIÊNCIA **31**

não passando de ficções criadas pelo autor. O leitor, entretanto, deve apagar essa restrição" (Kayser, 1970, p.502).

Por outro lado, segundo ele, o autor, ao escrever, tem em mente um certo tipo de leitor, e isto determina o tom que deve usar.[38] Quando o leitor não tem certos requisitos pressupostos pelo autor – Kayser exemplifica com *Werther* –, isto quer dizer que o livro não foi escrito para ele.

Kayser chama ainda a atenção para um outro – e importantíssimo – aspecto da ficção. É este o fato de que o narrador mostra, na prática, ter condições para recompor acontecimentos que nem a melhor das memórias poderia reter em todos os seus pormenores. Diz, acertadamente, que "o narrador não conta graças a uma boa memória, mas vê o passado como presente, por uma faculdade mais que humana [...]" (Kayser, 1970, p.506).

É curioso que Wolfgang Kayser justifique, como faz, a incoerência narrativa encontrada em *Moby Dick*, em que o narrador, na primeira pessoa, mostra conhecimento de coisas que jamais poderia ter sabido, tais como os pensamentos do Capitão Ahab, conversas secretas, e a catástrofe final. Entende ele que neste caso a figura do personagem-narrador é apenas uma máscara, que encobre uma realidade maior (Kayser, 1970, p.506 e 508).

Como já notamos, em outra parte, esta justificativa não nos parece satisfatória. O leitor tem o direito de procurar na obra uma lógica interna que o satisfaça. O êxito do romance de Melville não deve ser tomado como sentença que peremptoriamente o absolva de seus defeitos.

Isto posto, passemos à consideração de outras observações do conhecido crítico alemão, expendidas em seu livro sobre a análise literária (Kayser, 1976), começando por um assunto que é tratado tanto nessa obra como no artigo a que nos referimos anteriormente.

---

38 "Cada vez que um tal intermediário toma a palavra, pode-se e deve-se ouvir para vê-lo se dirigir a nós, isto é, o leitor criado por ele e participante do universo poético. Lá está determinado o tempo que emprega" (Kayser, 1970, p.503, tradução nossa).

32   ALFREDO LEME COELHO DE CARVALHO

No artigo, comenta ele o início do romance *Werther*, no qual encontramos uma terceira pessoa, que nos diz: "Tudo o que pude encontrar da história do pobre Werther eu reuni com o maior cuidado [...]". Portanto, observa Kayser, há alguém que "se intercala entre o personagem e nós, uma terceira pessoa que, tendo reunido as cartas e notas do diário íntimo de Werther, apresenta-as a nós, por saber que elas formam um todo e uma história" (Kayser, 1970, p.501-502).

No livro, o mesmo assunto é tratado, fazendo Kayser uma divisão entre a "situação primitiva do narrar" e a "narrativa enquadrada" (*Rahmenerzählung*) (1976, p.211). O autor dá vários exemplos desta última, em que se incluem os *Contos da Cantuária*, de Chaucer, o *Decamerão*, de Boccaccio e as *Mil e uma noites*. Para quem desejar um exemplo moderno, poderíamos citar *O macaco e a essência*, de Aldous Huxley (1971), em que o primeiro narrador diz ter encontrado um roteiro cinematográfico, de um imaginário William Tallis, que continha aquela história.

Kayser assinala a utilidade da narrativa enquadrada para o aumento da credibilidade. Deve-se observar, entretanto, que nem sempre ela atende a esse fim. Na obra que citamos, de Huxley, o pretenso autor do roteiro não tinha condições de maior proximidade dos acontecimentos. A intenção de Huxley, ao usar a narrativa enquadrada, foi certamente irônica, apresentando uma história sua como coisa sem valor, e de cuja responsabilidade se exima – um dos milhares de roteiros rejeitados pelos estúdios de Hollywood.

Kayser compara a narrativa em primeira pessoa com a narrativa em terceira pessoa, salientando o reforço de impressão de autenticidade que se tem no primeiro caso, especialmente quando se trata de narrativas de aventuras fantásticas ou experiências estranhas (Kayser, 1976, p.214). Já discutimos esse assunto, ao tratarmos dos sistemas de Brooks e Warren e de Manuel Komroff.

Às vezes, observa Kayser, os acontecimentos são narrados a alguém que serve como "espectador ideal", sugerindo-nos a maneira de reagir à narrativa, tal como sucede no poema narrativo "The Ancient Mariner" [O velho marinheiro], de Coleridge (Kayser, 1976, p.212). Tanto aqui, como no trecho do artigo (Kayser, 1970)

FOCO NARRATIVO E FLUXO DA CONSCIÊNCIA   33

que mencionamos antes, em que diz que o autor, ao escrever, tem em mente um certo tipo de leitor, Kayser aborda o problema do *narratário*.[39] Kayser assinala ainda uma forma especial de narrativa em primeira pessoa, que é a narrativa *epistolar*. Nesta, há uma diferente colocação temporal, pois quem escreve as cartas está dentro do decurso dos acontecimentos. A eficácia desse método, que parece antiquado, em certos casos, pode ser verificada no conto "Paulo e Virgínia", de Luís Guimarães Júnior (1957, v.IV, p.82-88). Outro ponto importante tocado por Kayser é o do narrador cujas limitações pessoais afetam o teor da narrativa em suas relações com a realidade. Ao se referir a um conto de C. F. Meyer, diz Kayser (1976, p.212) o seguinte:

> No conto intitulado *Der Heilige* [O santo], C. F. Meyer põe a falar um simples besteiro. Neste caso, o atrativo do conto reside precisamente no fato de a natureza simples do narrador não ser capaz de abranger as bases dos acontecimentos nem a psicologia complexa dos personagens, de maneira que o leitor é constantemente obrigado a completar e a aprofundar o conteúdo essencial da obra.

Já nos referimos a esta situação, da qual voltaremos ainda a falar, ao mencionarmos o comentário de Henry James à utilização de crianças como *refletores*.

d) A classificação de Stanzel

Em seu livro sobre as *Narrative Situations in the Novel* [Situações narrativas no romance], Franz Stanzel (1971), professor da Universidade de Graz, na Áustria, utiliza o conceito de "centro de orientação", estabelecido por Roman Ingarden (1973), com algumas

---

39 Veja-se, a este propósito, o artigo de Gerald Prince, "Introduction à l'etude du narrataire" (Prince, 1973, p.178-196).

34 ALFREDO LEME COELHO DE CARVALHO

modificações.[40] Para Stanzel, o "centro de orientação" é "idêntico ao aqui-e-agora do autor no ato da narração" (1971, p.27). A classificação de Stanzel é simples, mas bastante esclarecedora. Fala em *romance autoral, romance personativo* e *romance de primeira pessoa*.[41]

A narrativa *autoral* é aquela em que o "autor-narrador retrata a si mesmo em acrescentamento à ação", permanecendo, "geralmente fora do mundo ficcional". Ressalva, porém, Stanzel que "ocasionalmente a maneira cronista, apresentador de uma autobiografia ou diário etc., do narrador, exige que o autor estabeleça alguma conexão com o mundo ficcional" (1971, p.23-24). Em geral, porém, o narrador autoral procura estabelecer, em maior ou menor grau, uma distância temporal, espacial e psicológica relativamente à sua ficção. Como exemplo de narrativa autoral, apresenta-se *Tom Jones*.

Na narrativa *personativa*, é por meio dos olhos de um personagem do romance "que o leitor parece estar vendo o mundo ficcional" (Stanzel, 1971, p.25), como em *Os embaixadores*, de Henry James, romance a que já tivemos ocasião de nos referir anteriormente.

Finalmente, há a narrativa em *primeira pessoa*, exemplificada por *Moby Dick*. Stanzel faz uma observação muito interessante, ao mostrar a gradualidade da transição da narrativa autoral para a narrativa em primeira pessoa, citando o romance *Joseph Andrews*, de Fielding, no qual o autor afirma que parte da história lhe foi contada por um personagem. Estabelece-se assim uma ligação entre o autor e o personagem, colocando-se o primeiro, até certo

---

40 Ingarden fala em "centro de orientação" na obra *Das Literarische Kunstwerk* [A obra de arte literária], publicada em 1931. Stanzel esclarece, em nota, que, enquanto para Ingarden o "centro de orientação" está "dentro do reino da realidade fictícia", para ele o "ato autoral narrativo" deve ser considerado como fora dessa realidade. Por sua vez, Ingarden, em edição posterior de sua obra, reportando-se a Stanzel, comenta: "Stanzel concentra-se, porém, menos no problema do espaço apresentado e do centro de orientação do que nos modos diversos de narração e da presença do narrador do romance" (Ingarden, 1973, p.253).

41 No original alemão, *auktorialer Roman, personaler Roman* e *Ich-Roman*, segundo informa Bertil Romberg (1962, p.24).

FOCO NARRATIVO E FLUXO DA CONSCIÊNCIA 35

ponto, dentro de um mundo ficcional. "Esta espécie de ligação", diz Stanzel, "pode ser entendida a tantas figuras de um romance que ao fim o narrador autoral aparecerá como se fosse uma figura do mundo fictício" (Stanzel, 1971, p.59).

e) O impacto das teorias de Wayne C. Booth

Em 1961[42] o crítico norte-americano Wayne C. Booth publicou um livro que produziu grande impacto nas ideias correntes sobre a arte da narrativa (Booth, 1967).[43] Booth denunciou muitas noções que, inicialmente inovadoras, se haviam transformado em "dogmas paralisantes". Assim, ele contesta a superioridade intrínseca da *cena* sobre o *sumário*, citando como exemplo o interessante resumo de doze anos em duas páginas, feito por Fielding no Livro III, capítulo 1, de *Tom Jones*, e comparando-o com os entediantes diálogos de Jean-Paul Sartre, nos quais este permite à "sua paixão pelo *realismo durativo* ditar uma cena quando seria adequado um sumário" (Booth, 1967, p.157).

Também contesta a superioridade intrínseca do *mostrar* sobre o *narrar* (*showing* e *telling*), afirmando que, em várias circunstâncias, é muito mais eficaz a narrativa que a dramatização. Salienta ainda a falsidade da ideia de que o autor possa realmente desaparecer da ficção: por mais velado que ele esteja, deixa perceber o seu controle sobre a narrativa.

Booth cria o termo *autor implícito* (*implied author*) para indicar o *segundo-ser* do autor, o autor tal como ele se mostra na própria obra, distinguindo-se de como é na vida real. O *autor implícito* é a "imagem que ele cria de si próprio".[44]

---

42 Ano da primeira publicação de *A retórica da ficção*.
43 Daqui por diante, utilizaremos desta edição.
44 "Mesmo o romance em que nenhum narrador é dramatizado", diz Booth, "cria uma figura implícita de um autor que fica atrás das cenas, seja como diretor de palco, como controlador de bonecos, ou como um Deus indiferente, que silenciosamente apara as unhas. Este autor implícito é sempre distinto do

36 ALFREDO LEME COELHO DE CARVALHO

Wayne C. Booth defende ainda as possíveis "intrusões do autor". Apenas ressalva que o autor que interfere na narrativa com os seus comentários deve fazê-los de maneira interessante: "deve ser vivo como um personagem" (Booth, 1967, p.219).

Tão importante quanto a noção de *implied author* é a de *unreliable narrator*, também criada por Booth. Em artigo publicado em 1973, propusemos para traduzir esta última expressão o termo *narrador infiel*, que nos parece adequado e sugestivo. Explica Booth que o *narrador infiel* não precisa ser, nem geralmente é, um mentiroso, embora isso também possa ocorrer. Mais frequentemente ele "está equivocado, ou acredita possuir qualidades que o autor lhe nega" (Booth, 1973, p.159).[45]

Booth considera como *narradores* ou *refletores* ou *centros de consciência*, característicos do romance de Henry James e outros, nas narrativas em terceira pessoa. Esta interpretação é surpreendente e nos parece inaceitável. Se o herói de *Retrato do artista quando*

'homem real' – não importa o que consideremos que ele seja – que cria uma versão superior de si próprio, um 'segundo-ser' (*'second self'*), quando cria sua obra" (Booth, 1967, p.151). Wayne Booth (p.71) reconhece dever o termo *second self* a Kathleen Tillotson.

45 O artigo a que nos referimos – "O senso moral de Karsten, também chamado Paulo Silva: considerações a respeito de um conto de Lygia Fagundes Telles" – foi publicado na revista *Letras de Hoje*, da Pontifícia Universidade Católica do Rio Grande do Sul, nº 11, março de 1973, e dele reproduzimos o seguinte trecho: "A diferença entre *'unreliable'* e 'infiel' é que na palavra inglesa a infidelidade é potencial e aleatória, ao passo que na portuguesa ela aparenta ser atual e consumada. Para efeitos práticos, entretanto, essa diferença não tem grande importância, uma vez que pela leitura da obra só sabemos que o narrador pode mentir ou equivocar-se depois de haver dado mostras ou indicações disso. A palavra 'infiel', aliás, pode também ser entendida de modo abstrato, sem referência a um ato específico, o que a torna mas próxima do inglês *'unreliable'*. Mais ainda, a palavra 'infiel' não indica necessariamente a intenção de enganar. Dizemos, por exemplo, que uma tradução é infiel quando está em desacordo com o original, independentemente da boa ou má-fé do tradutor. Confirmando esse entendimento, define o *Dicionário Aulete* como 'historiador infiel' aquele 'que não exprime a verdade', sem referência a intenções. Mais elucidativa ainda é a expressão 'memória infiel', também registrada por Aulete como a que falha, pouco segura, 'que não inspira confiança'".

FOCO NARRATIVO E FLUXO DA CONSCIÊNCIA 37

jovem, por exemplo, fosse realmente um narrador, seria prejudicada a distância estética, que tanto contribui para tornar esse livro uma obra-prima.

Booth (1967, p.153-154) adequadamente distingue entre os narradores que são meros observadores e aqueles que são narradores-agentes, estes últimos com envolvimento que varia numa ampla escala gradativa.

Outra distinção importante é a que ele estabelece entre os narradores que mostram consciência do seu papel como escritores ou contadores (*self-conscious narrator*) e os narradores que parecem, ao narrar, estar despercebidos daquilo que estão fazendo (Booth, 1967, p.155).

Os exemplos seguintes, que julgamos oportuno aduzir, ilustram bem a figura do *self-conscious narrator*, termo este para o qual propomos a tradução "narrador aperceptivo".[46]

> É tempo de continuar esta narração, interrompida pela necessidade de contar fatos anteriores. (Alencar, 1958, p.109)

> Entremos no coração de Calisto Elói. Cuidava o leitor que não tínhamos que entender com aquela entranha de homem? (Castelo Branco, 1953, p.61)

> Que me conste, ainda ninguém relatou o seu próprio delírio; faço-o eu, e a ciência mo agradecerá. Se o leitor não é dado à contemplação destes fenômenos mentais, pode saltar o capítulo; vá direto à narração. (Machado de Assis, 1977c, p.108)

Booth assinala a "distância" que pode existir, em vários eixos ou categorias, entre autor, narrador, personagens e leitor. Ela pode

---

46 "Narrador aperceptivo" porque não só narra como reflete sobre o fato de estar narrando. *Percebe* as coisas – ainda que ficticiamente – e *apercebe-se* de que as está percebendo. Sobre o sentido da palavra "apercepção", que empregamos aqui de maneira mais restrita, veja-se, por exemplo, o *Dicionário de filosofia*, de Nicola Abbagnano (1970), tradução para o português de Alfredo Bosi.

38 ALFREDO LEME COELHO DE CARVALHO

estabelecer-se num eixo moral, intelectual etc. Aos eixos mencionados por Booth, gostaríamos de acrescentar os eixos da "sanidade", que de modo algum se confunde com o eixo "intelectual",[47] sendo muito importante em certos tipos de ficção. Tal é o caso de certos contos fantásticos de Edgar Allan Poe, como, por exemplo, "O coração revelador". Observe-se esse tipo de distância no conto "Alucinação", de Dias da Costa, que termina desta maneira:

> Apalpei a pistola no bolso. De repente, vi o diabinho nos lábios de Mariana. Fazia trejeitos de símio, agitava a cauda e ironicamente perguntava:
> – Por quê?
> Senti uma cólera enorme. Puxei a pistola e disparei duas vezes. Mariana caiu sem um grito.
> No céu claro a lua sorria um sorriso canalha. (Costa, 1957, v.II, p.29)

Aponta-se em *A retórica da ficção* a possível distância entre o narrador e o *autor implícito*; entre o narrador e os personagens; entre o narrador e as formas do leitor; entre o narrador implícito e o leitor; e, finalmente, entre o *autor implícito* e os outros personagens (Booth, 1967, p.155-158).

---

47 A este respeito, é bastante elucidativa a leitura do capítulo "The maniac" [O maníaco], inserto no livro *Orthodoxy* [Ortodoxia], de G. K. Chesterton, do qual extraímos o seguinte trecho: "Quem quer que tenha tido a infelicidade de conversar com pessoas no âmago ou na beira da desordem mental, sabe que sua qualidade mais sinistra é uma horrível clareza de detalhe; o ligar de uma coisa com outra num mapa mais complicado do que um labirinto. Se você discutir com um louco, é extremamente provável que leve a pior; pois de muitos modos a mente dele se move mais rapidamente por não ser perturbada pelas coisas que acompanham o juízo são. Ele não é atrapalhado pelo senso de humor ou pela caridade, ou ainda pelas certezas simples da experiência. Ele se torna mais lógico pela perda de certos sentimentos sãos. Sem dúvida a frase usual para a insanidade é, a esse respeito, enganadora. O louco não é o homem que perdeu a razão. O louco é o homem que perdeu tudo menos a razão" (Chesterston, 1961, p.19).

FOCO NARRATIVO E FLUXO DA CONSCIÊNCIA 39

A mais interessante dessas distâncias é a que pode estabelecer-
-se entre o autor implícito e o narrador. Temos excelentes exemplos
desse tipo de distância nos contos "Corte de cabelo", de Ring
Lardner, e "Helga", de Lygia Fagundes Telles.[48] Pode-se observá-
-la, a começar das primeiras linhas, no conto "O baile do judeu", de
H. Inglês de Sousa:

> Ora um dia lembrou-se o Judeu de dar um baile, e atreveu-se a
> convidar a gente da terra, a modo de escárnio pela verdadeira reli-
> gião de Deus Crucificado [...]. Era de supor que ninguém acudisse
> ao convite do homem que havia pregado as bentas mãos e os pés de
> Nosso Senhor Jesus Cristo numa cruz [...]. (Sousa, 1957, v.I, p.21)

O livro de Wayne C. Booth é riquíssimo em observações interessantes numa pletora que às vezes parece querer fazer explodir o
esquema lógico de sua composição.

f) B. Tomachevski: um tipo especial de "singularização"

As considerações de Booth em relação à distância entre autor e
narrador levam-nos a uma observação semelhante, feita pelo forma-
lista russo B. Tomachevski em trabalho publicado em 1925.[49]

---

48 "Corte de cabelo" [*Haircut,* originalmente] está incluído na antologia *A Pocket
Book of Short Stories,* organizada por M. Edmund Spear. Nesse conto é patente
a distância moral e intelectual entre autor implícito e narrador. Em "Helga",
de Lygia Fagundes Telles, a distância é apenas moral, sendo apresentada com
ministral sutileza artística. Está publicado em *Antes do baile verde* (Telles,
1975).

49 *Teorija Literatury (Poetika),* Leningrado, 1925, conforme informação de Todorov (1966), em *Théorie de la Littérature* [Teoria da literatura]. Nessa coletânea,
organizada por Todorov, está incluída, com o título *Thématique* [Temática],
parte da obra acima mencionada, na qual se encontra o assunto a que aludimos.
Da coletânea de Todorov há edição brasileira, organizada por Dionísio de Oli-
veira Toledo (1970): *Teoria da literatura: formalistas russos.*

40 ALFREDO LEME COELHO DE CARVALHO

Tomachevski chama *singularização* ao tratamento dado a um assunto para que ele possa emergir do seu caráter ordinário, da sua vulgaridade, para aparecer como novo ou inusitado, tornando--se literário (Tomachevski apud Todorov, 1965, p.290). O crítico russo aponta com um dos processos possíveis para a consecução desse objeto a *refração* dos fatos na mente de um personagem. E lembra um exemplo, tomado de Tolstói, em *Guerra e paz*. Nesse livro, o famoso romancista apresenta uma pequena camponesa que, ao descrever um conselho de guerra, o faz de maneira ingênua, de acordo com a sua mentalidade, sem perceber a verdadeira natureza dos fatos que se passam.

Como já mencionamos, no prefácio a *What Maisie Knew*, Henry James se refere ao uso de mentes infantis como *refletores*. Vimos também a referência feita por Wolfgang Kayser ao conto de C. F. Meyer, em que o narrador é um homem simples, incapaz de compreender o significado dos acontecimentos que narra.

Esses fatos nos ajudam a entender melhor a noção de "distância", a que se refere Wayne C. Booth. No caso citado por Tomachevski, a distância entre autor e narrador é intelectual, e a pequena camponesa é, sem o querer, um narrador infiel.

g) O conceito abrangente de Bóris Uspenski

Em seu livro *A Poetics of Composition* [Poética da composição][50] o crítico russo Bóris Uspenski (1973) trata do ponto de vista na literatura e em outras artes, dando ao termo considerável amplitude. Assim, considera ele que o ponto de vista pode ser analisado em vários planos: o ideológico, o fraseológico, o temporal, o espacial e o psicológico.

---

50 Valemo-nos da edição norte-americana, revista pelo autor, e publicada sob o título *A Poetics of Composition*, tradução de Valentina Zavarin e Susan Wittig, Berkeley, University of California Press, 1973.

FOCO NARRATIVO E FLUXO DA CONSCIÊNCIA   41

Nessa classificação, vemos que o plano que mais diz com o que vimos tratando é o *psicológico*. Os outros são, porém, com ele relacionados, sendo muito interessante a sua apresentação.

Segundo Uspenski, a narrativa pode indicar um ponto de vista *ideológico* do próprio narrador, dos personagens, ou da comunidade. Cita dois exemplos. Na Rússia pré-revolucionária, o nome de Deus era sempre escrito com letra maiúscula, mesmo pelos não religiosos, indicando uma posição ideológica de respeito por parte da comunidade. O outro exemplo encontra-se em um autor não nomeado do século XIX, que, fazendo um relato histórico dos fatos concernentes a uma seita religiosa, faz com que um dos personagens fale no "serviço pseudo-eclesiástico" dessa seita. O personagem assume, assim, uma posição, ou ponto de vista, ideológica (Uspenski, 1973, p.14).

Dentro dessa linha de pensamento, poderíamos dizer que Camões, nos *Lusíadas*, ao se referir ao "torpe ismaelita cavaleiro" (canto I, verso 8), assumiu um ponto de vista *ideológico*, que seria evitado se tivesse omitido o adjetivo "torpe".

O ponto de vista pode também apresentar, segundo Uspenski, variações no plano *fraseológico*. Assim, às vezes, na maneira de falar de um personagem há uma expressão que é característica de outro personagem. O uso de um hipocorístico, por exemplo, por parte de um personagem em relação a outro, com que ele não tem familiaridade, pode ser irônico, indicando o jeito de nomear de outra pessoa.

A este propósito, conviria citar uma passagem de Machado de Assis, que é analisada por J. Mattoso Câmara Jr.: "Rubião ordenou a um escravo que levasse o cachorro de presente à comadre Angélica, dizendo-lhe que, como gostava de bichos, lá ia mais um" (Câmara Jr., 1962, p.28).

Nessa passagem percebemos que há uma mudança do ponto de vista do autor, narrador de terceira pessoa, para o ponto de vista do próprio personagem Rubião, passagem essa que se manifesta no plano *fraseológico*. Essa mudança se dá pelo uso da palavra "comadre", que só tem sentido em relação ao Rubião. Somente ao Rubião, e não ao autor, caberia chamá-la "comadre".

42　ALFREDO LEME COELHO DE CARVALHO

Uspenski cita o caso do nome de Napoleão, em *Guerra e paz*, que ora é chamado de "Buonaparte" (depreciativo, uma vez que indica uma origem não francesa), ora de "Bonaparte", ora ainda de "Imperador Napoleão", conforme vão crescendo os seus triunfos (Uspenski, 1973, p.29). Isso indica uma variação no ponto de vista dos personagens, expressa no plano *fraseológico*.

Outra observação de Uspenski, ainda relativa a *Guerra e paz*, é a de que quando Tolstói usa palavras francesas para descrever os pensamentos de Napoleão adota, momentaneamente, o seu ponto de vista *fraseológico* (Uspenski, 1973, p.55).

Uspenski trata ainda da questão do discurso indireto livre, que ele prefere chamar de *discurso quase-direto*, como um problema de ponto de vista *fraseológico*.[51]

Passando à discussão do ponto de vista no plano espacial, observa inicialmente Uspenski a situação em que o narrador acompanha o personagem, onde quer que ele vá, "assumindo momentaneamente o seu sistema ideológico, fraseológico, e psicológico" (p.58), esclarecendo que pode também acompanhá-lo de modo suprapessoal, sem assumir o seu ponto de vista no sentido mais estrito.

Às vezes, também, a personagem é colocada num lugar não definido, como na seguinte passagem de Tolstói, em *Guerra e paz*: "'Natasha! agora é a sua vez. Cante para mim alguma coisa', ouviu-se uma voz da condessa" (Uspenski, 1973, p.59).

Uspenski refere-se ainda a um jantar descritivo no mesmo livro, comentando que ali "a câmera autoral muda sequencialmente de um para outro dos que estão sentados em torno da mesa". Depois essas "cenas separadas se combinam numa cena composta", observando Uspenski que "um procedimento semelhante é comum no cinema" (p.61).[52]

51　O próprio Uspenski exemplifica com as seguintes frases. Discurso indireto: "Ele protestou e gritou: meu pai te odeia". Discurso indireto: "Ele protestou e gritou que seu pai a odiava". Discurso quase-direto: "Ele protestou: seu pai a odiava" (Uspenski, 1973, p.34, nota).

52　Ao falar de *câmera autoral*, pensa Uspenski numa câmera *dirigida*, ao contrário da câmera de Friedman, que é *casual*.

FOCO NARRATIVO E FLUXO DA CONSCIÊNCIA **43**

Outro artifício do ponto de vista *espacial* é a "visão de um ponto elevado".[53] Cita-se a seguinte passagem de *Taras Bulba*, de Gogol:

> Os cossacos abaixaram-se para trás, no dorso de seus cavalos, e desapareceram na vegetação; já não se podiam ver os seus chapéus pretos, e somente o sulcar da vegetação, rápida como um relâmpago, mostrava os seus movimentos. (Uspenski, 1973, p.64)

Isto nos traz à mente a última cena de *O guarani*, de José de Alencar, em que o ponto de vista *espacial* passa rapidamente de uma elevação próxima para uma posição elevada:

> Fez-se no semblante da virgem um ninho de castos rubores e límpidos sorrisos: os lábios abriram como as asas purpúreas de um beijo soltando o voo.
>
> A palmeira arrastada pela torrente impetuosa fugia...
>
> E sumiu-se no horizonte. (Alencar, 1958, p.306)

Outro aspecto abordado é o da *cena muda*: ao descrevê-la o autor se coloca de onde pode ver, mas não ouvir os participantes.

Uspenski trata ainda do ponto de vista no plano do *tempo*. Citando Vinogradov, observa que o tempo em "Dama das espadas", de Pushkin, começa com o ponto de vista de Lazaveta Ivanovna, a qual o conta a partir do dia em que recebe a carta de Hermann. O narrador usa esse critério até que a história passa a ser principalmente de Hermann, o qual conta o tempo a partir de um momento diferente.

Assim, comenta Uspenski (1973, p.66) que

> [...] o narrador pode mudar a sua posição, tomando emprestado o sentido temporal do primeiro personagem, depois de um outro – ou pode assumir a sua própria posição temporal e usar o seu próprio

---

53 "A visão do olho do pássaro" (*"Bird's eye view"*, na tradução inglesa) (Uspenski, 1973, p.63).

44   ALFREDO LEME COELHO DE CARVALHO

tempo, que pode não coincidir com o tempo individual de qualquer dos personagens.

Ao tratar o ponto de vista no plano *espacial* e no plano *temporal*, Uspenski passa a incluir nessa categoria assuntos que tradicionalmente são colocados em outros setores da análise crítica: espaço e tempo. Entretanto, julgamos útil apresentar aqui uma súmula de suas ideias a esse respeito porque servem para sublinhar o íntimo relacionamento existente entre essas noções e o foco narrativo em sentido estrito.

A obra de Uspenski atinge, para nós, o ponto de maior interesse quando é tratado o ponto de vista no plano *psicológico*. Definindo esse campo, diz ele: "nos casos em que o ponto de vista autoral se baseia na consciência ou percepção de um indivíduo, falaremos do ponto de vista psicológico [...]" (Uspenski, 1973, p.81).

Para ele, há dois processos compositivos básicos – ou meios de descrição do comportamento no plano *psicológico* – que ocorrem tanto nas narrativas literárias como nas não literárias; ou os acontecimentos são descritos de modo tão objetivo quanto possível, ou se descrevem "do ponto de vista deliberadamente subjetivo da consciência de um indivíduo ou indivíduos" (Uspenski, 1973, p.81). Trata ainda das diferentes posições autorais, assim como a classificação dos personagens segundo o ponto de vista. Vejamos esses tópicos.

Quanto aos *meios de descrição do comportamento do plano psicológico*, analisa Uspenski primeiro o caso em que essa descrição é feita do ponto de vista de um observador externo. Essa descrição externa pode ser feita de duas formas: ou referindo-se a fatos definidos, visíveis ou audíveis; ou expressando a opinião do observador em relação aos fatos observados, quando usadas frases como "parece que ele pensou", "ele aparentemente surpreendeu-se", "ela parecia envergonhada". A expressões usadas dessa maneira, tais como "aparentemente", "evidentemente", "como se", "parecia" etc., Uspenski (1973, p.85) chama *palavras de alheamento* (na versão inglesa, *words of estrangement*). Procura significar, assim, que o

FOCO NARRATIVO E FLUXO DA CONSCIÊNCIA 45

narrador mostra o seu alheamento em relação ao que realmente se passa no íntimo do personagem, esclarecendo que se guia apenas pelos indícios externos.

Função semelhante à das palavras de alheamento, no sentido de indicar que o narrador não tem pretensões a conhecer diretamente a psique dos personagens, é exercida pelo posicionamento retrospectivo, que permite a alguém saber fatos que seriam ignorados por um observador sincrônico. Tal é o caso de frases como "ela veio, como se verificou depois, por outro motivo" (Uspenski, 1973, p.85, nota). O outro tipo é o do observador interno, que apresenta o estado de ânimo do personagem. A narrativa neste caso é feita pelo próprio personagem, em primeira pessoa, ou, em terceira pessoa, por um narrador onisciente que, por uma convenção, se admite possa penetrar na mente dos personagens. Temos então o uso de *verba sentiendi*: eu pensei, senti, reconheci, sabia etc., ou ele pensou, sentiu, pareceu a ele etc.

Passando para as *posições autorais na narrativa*, vemos que, segundo a classificação de Uspenski, a posição do autor na narrativa pode ser imutável ou pluralista. A posição imutável pode ser coerentemente externa ou coerentemente interna. A posição pluralista inclui dois tipos: mudança de posição autoral em sequência e uso simultâneo de diferentes posições.

Na posição autoral coerentemente externa todos os acontecimentos são descritos objetivamente, não há referências diretas ao estado interno dos personagens e não ocorrem *verba sentiendi*. Essa é a construção característica das obras épicas, diz Uspenski, nas quais ações são apresentadas sem a motivação interna, e o mundo interior dos personagens é para nós oculto.

Na posição autoral imutável coerentemente interna, toda a ação é coerentemente apresentada de um só ponto de vista, por meio da percepção de uma pessoa. Só há descrição do estado interno desse personagem: os outros são descritos de fora. Se a história for apresentada do ponto de vista do narrador, usar-se-á a primeira pessoa; se for apresentada do ponto de vista de um personagem particular,

46 ALFREDO LEME COELHO DE CARVALHO

será usada a terceira pessoa. Uspenski cita como exemplo *O eterno marido*, de Dostoiévski.

Na mudança de posição autoral em sequência, cada cena é descrita de uma particular posição ou ponto de vista, e as diferentes cenas são narradas da posição de diferentes personagens. Entende Uspenski que em cada cena não deve haver mistura da visão interna de um personagem com a de outro, e dá como exemplo *Guerra e paz*, de Tolstói, cuja narrativa é estruturada com sucessiva alternância dos pontos de vista de Pierre, Natasha, Nikolay e alguns outros personagens (Uspenski, 1973, p.90), ressalvando que aí, algumas vezes, dá-se a alternância de pontos de vista dentro da mesma cena.

Finalmente, pode dar-se o caso que o autor assuma pontos de vistas diferentes não em sequência, mas simultaneamente. Isto ocorre quando, na mesma cena, temos a visão interna de diversos participantes, formando um todo integrado. Uspenski dá como exemplo o capítulo "A cebola", em *Os irmãos Karamázov*.

A *classificação dos personagens segundo o ponto de vista* se dá, para Uspenski, da seguinte forma. Há em primeiro lugar os personagens que sempre são vistos de fora, com eventual uso de expressões de alheamento. Há os personagens que nunca são descritos do ponto de vista de um observador externo. E há os personagens que são descritos ora de dentro, ora de fora (p.97).

Essas são as características principais de sua análise do ponto de vista do plano *psicológico*.

Sugestões para uma nomenclatura mais precisa

Procuramos, nesta última parte, recapitular, à maneira de epílogo, alguns dos principais fatos discutidos, com a adição de novos exemplos, a fim de esclarecer e sumariar em quadro metódico as sugestões, apresentadas anteriormente de maneira incomum, relativas à terminologia do foco narrativo, ou ponto de vista da ficção.

FOCO NARRATIVO E FLUXO DA CONSCIÊNCIA **47**

Como vimos, a narrativa pode dar-se sob duas formas: *cena* e *sumário*.[54] *Cena* é a narrativa dos fatos na sua sequência temporal imediata, podendo incluir diálogos ou não. No seguinte trecho, do culto contista brasileiro Roberto Fontes Gomes, há *cena*, sem haver diálogo:

> Acordou sobressaltado. Imediatamente tornou-se atento e pressentido. Acostumou-se com a pouca luz do quarto. Olhou para o relógio digital sem tirar a cabeça do travesseiro. Quatro horas. Lá fora o silêncio. Dentro, de vez em quando, um estalido lúgubre. Permaneceu imóvel. Apavorado. Um presságio qualquer, em forma de tremor, fazia-lhe contorcer os lábios. (Gomes, 1977, p.15)

Sumário é a concentração em narrativa relativamente curta de fatos que ocorreram em períodos de tempos mais longos:

> Há cerca de dezesseis anos, desembarcava do Rio de Janeiro, vindo da Europa, o sr. Camilo Seabra, goiano de nascimento, que ali fora estudar medicina e voltava agora com o diploma na algibeira e umas saudades no coração. (Machado de Assis, 1977a, p.47)

A narrativa pode se fazer em primeira pessoa, em terceira pessoa e até mesmo, como vimos, em segunda pessoa, sendo este último tipo, porém, raro extravagante: "Você pôs o pé esquerdo... Você desliza através da estreita aberta... Seus olhos estão apenas meio abertos..." (Butor, 1967, p.150, nota).

A narrativa em terceira pessoa pode assumir várias formas, que discriminaremos a seguir. Distingue-se fundamentalmente da narrativa em primeira pessoa porque nesta o narrador é também personagem (com maior ou menor grau de participação dos acontecimentos), o que não ocorre na narrativa em terceira pessoa, em que

---

54 Essa distinção, sobre que insistiu Percy Lubbock, foi feita inicialmente pelo crítico alemão Otto Ludwing, em 1891, segundo informa Franz Stanzel (1971, p.22).

48 ALFREDO LEME COELHO DE CARVALHO

o narrador é como uma figura invisível em relação aos participantes dos acontecimentos, sendo convencionalmente capaz de, sem estar presente, descrever os fatos que se passam, relacionando-os, se necessário, com eventos anteriores. Há um gênero misto quando o narrador em terceira pessoa diz que soube dos fatos por meio de um ou mais personagens da história; nesse processo ele vai também se tornando personagem.

Podemos admitir como primeiro caso da narrativa em terceira pessoa a *onisciência neutra externa*. Temos aí um narrador, não participante, que revela conhecimento apenas dos fatos exteriores. Se se referir eventualmente à psique dos personagens deverá usar palavras de alheamento, para indicar o seu estrito conhecimento dos fatos externos objetivos (por exemplo, "ela parecia envergonhada", "ele respondeu como se estivesse dominado por um sentido de ódio"). Veja-se o seguinte trecho de um conto que é todo dialogado, sem intermissão de qualquer comentário – nesse caso, até mesmo sem qualquer descrição – do narrador:

– Cansei de manter as aparências, padrinho. Agora eu conto. Há cinco anos sofrendo. Não acho mais graça no João.

– Quis matar a Maria – apertou a velha Eponina.

– Todo mundo gosta de mim. O padrinho achou uma pena eu ter casado. (Trevisan, 1975a, p.81)

Se o narrador viesse a fazer comentários sobre os fatos externos que apresenta, teríamos um tipo de narrativa que deveria ser denominado *onisciência externa interpretativa*. Quanto à objeção que poderia ser feita ao uso do termo *onisciência* com restrições, que à primeira vista parece contraditório ou oposto, pode-se responder que nesse caso o narrador sabe *tudo* o que se circunscreve num âmbito de determinada limitação.

Na *onisciência neutra plena* (ou seja, externa e interna), o narrador não só descreve os fatos exteriores como também o que vai na mente dos personagens, abstendo-se de fazer comentários. É o que ocorre, por exemplo, em "O continente", primeira parte da trilogia

FOCO NARRATIVO E FLUXO DA CONSCIÊNCIA 49

O tempo e o vento, de Érico Verissimo, de onde extraímos o trecho que se segue:

> Bibiana escutava com atenção, ao mesmo tempo que em pensamentos fazia à oração do padre. Render graças a Deus? Sim. Deus lhe dera um neto que era um homem de bem. Por outro lado, porém, Deus também lhe fizera "boas": matara-lhe o marido na flor da idade e deixara que os Terras passassem dificuldades. (Verissimo, 1956, p.552)[55]

Na *onisciência interpretativa*, que geralmente é externa e interna, mas que teoricamente poderia ser apenas externa, temos o narrador de terceira pessoa que não só dá ao leitor todas as informações sobre os acontecimentos, como também se permite fazer comentários acerca deles:

> A cidade ainda falava a outras tradições do velho Brasil. Sobre o terreno acidentado, sulcos abertos e profundos indicavam a passagem do homem terrível que por ali desentranhou o ouro. A paisagem está toda marcada de cicatrizes das feridas da terra, que assim maltratada e hedionda clama às gerações de hoje contra a devastação do passado. O homem moderno, limpo de coração, não deixará de sentir um frêmito de terror, reconstruindo no espetáculo daquela paragem morta todo o quadro de uma época feita de escravidão, de ouro e de sangue [...]. (Aranha, 1949, p.35)

> Quem visse esses homens, assim ocupados em marcarem com o selo de sua inteligência todos os conhecimentos; em ligar seu nome, não já à religião, mas à história, à geografia, à política, à filosofia e até às artes; não se admiraria que, unidos pelo mesmo pensamentos e dirigidos por uma só vontade, houvessem criado a ordem poderosa que, espalhando-se pelo mundo, dominou os tronos, curvou

---

55 Referimo-nos ao corpo da obra, e não aos poemas em prosa intercalados.

50 ALFREDO LEME COELHO DE CARVALHO

os reis, e lutou com os governos das nações mais fortes. (Alencar, 1926, v.I, p.91)

Chamamos de *onisciência imediata* aquela em que, sem comentários do narrador, os pensamentos dos personagens são apresentados de forma cênica, como se estivessem ocorrendo naquele momento. A *onisciência imediata* poderá ser *simples*, se somente for apresentada assim a consciência de um único personagem, na qual a dramatizarão todos os acontecimentos. É o caso do *Retrato do artista quando jovem*, de James Joyce, do qual transcrevemos o seguinte trecho:

> Wells tinha contado que os alunos tinham bebido o vinho que estava no armário da sacristia, e que tinham sido descobertos pelo bafo. Teriam eles roubado uma custódia e teriam fugido para irem vender a qualquer parte? Devia ser um horrível pecado entrar lá sem fazer barulho, à noite, abrir o armário escuro e roubar aquela coisa dourada e coruscante na qual se expunha Deus sobre o altar, no meio de flores e castiçais, durante a bênção, enquanto o incenso subia em nuvens de ambos os lados [...]. (Joyce, 1974, p.52)

A consciência imediata será *múltipla* se, alternadamente, no mesmo livro, forem apresentadas, seguindo esse método, as consciências de mais de um personagem. Tal é o caso da obra *Mrs. Dalloway*, de Virginia Woolf, a qual procura transpor para as suas páginas, sem comentários, e com mínimas indicações autorais, a consciência de vários personagens, como a própria Mrs. Dalloway, Peter Walsh, Rezia Smith, Lady Bruton etc. Vejamos um trecho em que descrevem cenicamente os personagens desta última:

> Lady Bruton preferia Richard Dallow naturalmente. Era feito de material muito mais fino. Mas não deixava que criticassem o seu pobre querido Hugh. Não podia esquecer a sua bondade: fora realmente muito bom... não se lembrava em que ocasião. Mas mostrara-se muito bom, mesmo [...]. (Woolf, 1980, p.101)

FOCO NARRATIVO E FLUXO DA CONSCIÊNCIA 51

Após a classificação dos tipos de narrativa em terceira pessoa, devemos analisar as narrativas em primeira pessoa. Estas caracterizam-se pela natureza do narrador.

Nas narrativas em terceira pessoa, *autor* e *narrador* são termos equivalentes, desde que se entenda por *autor* não a sua figura humana, em carne e osso, mas o *autor na obra*, o homem que assume uma posição literária, que afivela uma máscara para se dirigir ao leitor. Por isso é que são aceitas expressões como *autor onisciente*, *interferência do autor*, ou *intrusão autoral* – para indicar os comentários que este faz na *onisciência interpretativa* – e outras semelhantes.

Ao tratarmos da narrativa em primeira pessoa é preciso um maior cuidado, pois não podemos ignorar a possibilidade da distância entre o narrador e o autor – nesse caso preferentemente chamado de *autor implícito*. É verdade que tal distância pode também inexistir, "reduzir-se a zero", como diz Todorov (Todorov; Ducrot, 1972, p.415). É o que ocorre, por exemplo, no conto "Onde andará esmeralda", de Joel Silveira, no qual se sente perfeitamente a identidade existente entre o narrador e o *autor implícito*. Embora para perceber-se isso o ideal fosse a leitura de todo o conto, o trecho seguinte bastará para indicá-la:

Mas, inexplicavelmente, Esmeralda me domina o pensamento. Vejo-a menina e lambuzada, rastejando na lama da rua, vejo-a correndo pela capineira verde e grande, vejo os seus cabelos brilharem ao sol – como teriam sido os cabelos de Esmeralda? E, depois, vejo-a operária de fábrica de tecido, bonita mas anêmica, os seis pequenos fracos, as faces pálidas – e aos meus ouvidos chega, misteriosa e soturna, a estranha música dos teares, que nunca se cansam. Onde andará Esmeralda? O mundo é vasto, os caminhos são muitos e se embaralham, milhares são as tentações e as armadilhas – onde andará Esmeralda? (Silveira, 1957, v.II, p.16-19)

As narrativas em primeira pessoa são basicamente de dois tipos: podemos ter o *narrador observador* e o *narrador protagonista*, conforme o seu grau de participação na ação. É claro que entre o

52 ALFREDO LEME COELHO DE CARVALHO

narrador observador e o *narrador protagonista* pode haver posições intermediárias.

Encontramos o caso do *narrador protagonista*, por exemplo, no romance *O ateneu*, de Raul Pompéia:

> "Vai encontrar o mundo, disse-me meu pai, à porta do *Ateneu*. Coragem para a luta." Bastante experimentei depois a verdade deste aviso, que me espia, num gesto, das ilusões de criança educada exoticamente a estufa de carinho que é o regime do amor doméstico [...]. (Pompéia, 1949, p.5)

O *narrador observador*, que se encontra frequentemente nas histórias policiais, pode ser visto no conto "Uma senhora", de Machado de Assis, o qual principia desta maneira:

> Nunca encontro esta senhora que me não lembre a profecia de uma lagartixa ao poeta Heine, subindo os Apeninos: "Dia virá em que as pedras serão plantas, as plantas animais, os animais homens e os homens deuses". E dá-me vontade de dizer-lhe: – A senhora, D. Camila, amou tanto a mocidade e a beleza, que atrasou o seu relógio, a fim de ver se podia fixar esses dois minutos de cristal. Não se desconsole, Dona Camila. No dia da lagartixa, a senhora será Hebe, deusa da juventude [...]. (Machado de Assis, 1977b, p.138)

Nesse conto, aliás, temos um exemplo de foco narrativo *mutante*, porquanto o *narrador observador* passa, em alguns momentos, a *autor onisciente*, descrevendo fatos que normalmente o leitor poderia ter presenciado, como na seguinte passagem:

> – Mas que é que você acha de mau no Ribeiro? perguntou-lhe o marido, uma noite, à janela.
> Dona Camila levantou os ombros – Acho-lhe o nariz torto, disse. (Machado de Assis, 1977b, p.140-141)

FOCO NARRATIVO E FLUXO DA CONSCIÊNCIA 53

Temos ainda o caso de narrativa em primeira pessoa que chamaremos de *registro casual*, citando o já comentado caso das linhas iniciais de *Adeus a Berlim*:

> Sou uma câmera, com o obliterador aberto, registrando de maneira absolutamente passiva, sem pensar. Registrando o homem que se barbeia na janela oposta e a mulher de quimono que lava os cabelos. (Isherwood, 1939, p.1)

Se, quanto ao grau de participação do narrador nos acontecimentos, a narrativa de primeira pessoa pode ter o *narrador protagonista*, o *narrador observador* e o *registro casual* (em que o narrador teoricamente se anula), quanto ao *tom* empregado pode basicamente ser *objetiva, interpretativa*, ou *impressionista*.

O tom *objetivo* não é muito comum, porque o narrador de primeira pessoa tende a fazer comentários. É eficaz, entretanto, quando os fatos são suficientemente interessantes em si próprios, ficando para o leitor o tirar as conclusões. Pode-se ver, por exemplo, em conto de Guy de Maupassant, como "Un réveillon" ([s.d.], v.I, p.21-26), em que, no fim, o leitor se surpreende com um fato inesperado. Ocorre na famosa história "Chuva", de Somerset Maugham (1973, p.124-164).

Na narrativa de primeira pessoa *interpretativa*, o narrador comenta os fatos, ou os deforma, imprimindo-lhes conscientemente um colorido subjetivo. É comum em Machado de Assis:

> A minha ideia, depois de tantas cabriolas, constituíra-se ideia fixa. Deus te livre, leitor de uma ideia fixa; antes um argueiro, antes uma trave no olho. Vê o Cavour; foi a ideia fixa da unidade italiana que o matou. (Machado de Assis, 1977c, p.103)

Finalmente, pode haver narrativa de primeira pessoa *impressionista*, em que o narrador imprime aos fatos um colorido subjetivo espontâneo, caracterizado pela ausência de elaboração consciente. Veja-se o início do romance *Angústia*, de Graciliano Ramos:

54   ALFREDO LEME COELHO DE CARVALHO

> Levantei-me há cerca de trinta dias, mas julgo que ainda não me estabeleci completamente. Das visões que me perseguiam naquelas noites compridas umas sobras permanecem, sombras que se misturam à realidade e me produzem calafrios Há criaturas que não suporto. Os vagabundos, por exemplo. Parece-me que eles cresceram muito [...]. (Ramos, 1955, p.5)

O narrador de primeira pessoa pode, às vezes, fazer um esforço para dar aparências de veracidade à sua história:

> Era em 1851.
> Apresso-me a declarar que, no tocante a nomes e localidades, desfigurei tudo, salvo generalidades vagas e o lugar em que principia a narrativa. O que menos monta na exatidão da história é o que aí se ilide. Nomear pessoas e terras seria denunciar inutilmente um crime. O criminoso está diante do Juiz inapelável, e seus filhos inocentes respeitam-lhe a memória. (Castelo Branco, 1961b, p.7)

Mais geralmente, descuida-se inteiramente disso, e em certos casos situa-se num plano inteiramente fantástico, de possível credibilidade:

> Muitos homens, e até senhoras distintas, já receberam a visita do Diabo, e conversaram com ele de um modo galante e paradoxal. Centenas de escritores sem assunto inventaram uma palestra com o Diabo. Quanto a mim, o caso é diferente. Ele não entrou subitamente em meu quarto, não apareceu pelo buraco da fechadura; nem sob a luz vermelha do abajur. Passou um dia inteiro comigo. Descemos juntos o elevador, andamos pelas ruas, trabalhamos e comemos juntos. (Braga, 1957, v.II, p.33)

Nas narrativas em primeira pessoa pode ocorrer a figura do *narrador infiel*. Este é o narrador que nós percebemos que mente deliberadamente, ou que faz uma falsa ideia dos fatos que descreve, ou que tem de si mesmo um conceito diferente daquele que lhe é

FOCO NARRATIVO E FLUXO DA CONSCIÊNCIA 55

atribuído pelo *autor implícito*, ou, enfim, que se distancia deste em um ou mais eixos de comparação.

Assim, vemos que na história "Corte de cabelo", de Ring Lardner, a que já nos referimos, o narrador não chega a perceber aquilo que o leitor nota por meio de suas palavras: a ocorrência de um assassinato. Evidencia-se assim a sua pouca inteligência, a qual se alia a uma manifesta incultura, que se deixa perceber em grosseiros erros de linguagem. Assim, a inteligência do narrador é infiel à do seu autor, o *autor implícito*.

No romance *A laranja mecânica*, de Anthony Burgess (1965),[56] notamos que há uma enorme distância moral e intelectual entre o narrador, que é um delinquente juvenil, e o *autor implícito*, que nos deixa ver, através das palavras do narrador, a sua visão de mundo.

A existência de uma distância moral e intelectual entre o narrador e o *autor implícito* pode ser vista nesta passagem de um romance de Eça de Queirós, em que se nota, no elogio estúpido e imoral que faz o narrador a um pretenso biografado, o sarcasmo do *autor implícito*:

> Já então (o Conde d'Abranhos) revelava seu gosto pelo luxo, pelas largas habitações tapetadas, pelo serviço harmonioso de lacaios disciplinados. A pobreza e seus aspectos era-lhe odiosa. Quanta vez, mais tarde, quando ele subia o Chiado pelo meu braço, eu me vi forçado a afastar com dureza os pobres que à porta do Baltresqui ou da Casa Havanesa, vinham, sob o pretexto de filhos com fome ou de membros aleijados, reclamar esmola; o Conde, se os via muito perto, "ficava todo o dia enjoado". Todavia a sua caridade é bem conhecida, e o Asilo de S. Cristóvão, a que em parte deveu o seu título, aí está como um atestado glorioso da sua magnanimidade. (Queirós, 1951, p.49)

Finalmente, desejamos fazer uma referência ao *narrador apercep-tivo*. Quer em narrativas de primeira pessoa, quer em narrativas de

---

56 Tradução para o português de Nelson Dantas. Ver também Carvalho, 1973, p.9-34.

terceira pessoa, o narrador pode fazer referências ao ato de narrar, que está praticando, ou omiti-las completamente. No primeiro caso temos o *narrador aperceptivo*, que poderá ser observado nos seguintes exemplos:

> Convidamos o leitor para ouvir a conversação entre Gonçalo Mendes, o abade beneditino e o mui reverendo cônego de Lamego, Martim Eicha. Pode ouvi-los agora. (Herculano, [s.d.]b, p.55)

> Algum tempo hesitei se devia abrir estas memórias pelo princípio ou pelo fim, isto é, se poria em primeiro lugar o meu nascimento ou a minha morte. Suposto o uso vulgar seja começar pelo nascimento, duas considerações me levaram a adotar diferente método [...]. (Machado de Assis, 1977c, p.99)

Este quadro terminológico, evidentemente, não esgota o assunto. O problema é muito complexo para ser contido em algumas definições. Úteis como sejam, as classificações não podem abarcar plenamente, na sua limitada amplitude, a exuberância característica não só da natureza, como também da literatura e da arte.

O FLUXO DE CONSCIÊNCIA COMO MÉTODO FICCIONAL

Muito ligado ao problema do foco narrativo é a apresentação, na obra ficcional, do chamado *fluxo de consciência*. Trata-se, na verdade, da especialização de um determinado foco narrativo. Poderíamos definir o método como a apresentação idealmente exata, não analisada, do que se passa na consciência de um ou mais personagens.

A crítica literária apropriou-se do termo *stream of consciousness* (ou ainda *stream of thought* e *stream of subjective life*), criado pelo psicólogo William James (1955), para exprimir a continuidade dos processos mentais, cuja representação tem sido buscada por alguns ficcionistas.

James criou esse termo para indicar que a consciência não é fragmentada em pedaços sucessivos, não há junturas, mas sim um fluxo contínuo.[1]

---

1 A consciência, entretanto, não me parece partida em pedaços. Tais palavras como "cadeia" ou "encadeamento" não descrevem a realidade como ela realmente ocorre à primeira vista. Nada está unido; flui. Um "rio", ou uma "corrente", é a metáfora pela qual nós naturalmente descrevemos as coisas. Ao falar disso, depois, devemos denominar essa questão dizendo "corrente do pensamento", isto é, representando a vida subjetiva (James, 1955, p.155, tradução nossa).

58 ALFREDO LEME COELHO DE CARVALHO

Em psicologia o termo *consciência* é aplicado em sentido abrangente, incluindo os processos psíquicos subjacentes aos plenamente conscientes. Sendo a sua definição difícil, Ledger Wood cita a explicação circunstancial de Ladd: "Tudo aquilo que somos quando estamos acordados, em contraste com o que somos quando mergulhamos em sono profundo e sem sonhos, isto significa estar consciente" (apud Runes, 1956, p.64). À qual se poderia acrescentar o que diz Brugger: "Cabe falar em *graus de consciência* na medida em que uma vivência, apenas notada, se introduz na alma, ou é totalmente advertida" (Brugger, 1953, p.67).[2] Ficaria incluído ainda no sentido de *consciência* aquilo a que este último autor prefere designar como *subconsciência*, isto é, o "domínio imprecisamente delimitado dos processos psíquicos fracamente conscientes", juntamente com os "inconscientes no sentido próprio".

Pela própria definição de James, e pela abrangência do termo *consciência*, entende-se a ligação que tem sido feita desse método, respectivamente, com a filosofia de Bergson (Kumar, 1963) e com a psicanálise de Freud (Hoffman, 1959, p.128-131).

Ao traduzirmos *stream of consciousness* como *fluxo da consciência*, procuramos achar uma expressão melhor. Embora seja mais bem soante, parece-nos menos adequada a expressão *corrente da consciência*, dada a sua ambiguidade. A palavra *corrente* pode sinonimizar com *fluxo*, *correnteza* (*stream*) e com *cadeia* (*chain*), formada de elos. Ora, este último sentido é expressamente condenado por William James (1955), como vimos, em sua definição.

Frequentemente as denominações *stream of consciousness* e *monólogo interior*[3] têm sido usadas como sinônimas. Scholes e Kellogg (1977), entretanto, advertem que enquanto a primeira "é propriamente antes um termo psicológico que literário", a segunda é,

---

2 Cf. em verbete *consciência*.

3 O termo *monólogo interior* [*le monologue intérieur*] foi criado pelo crítico francês Valéry Larbaud, num prefácio feito para a segunda edição do romance *Les lauriers sont coupés* [Os loureiros são cortados], de Édouard Dujardin, obra publicada originalmente em 1888 e na qual Joyce disse ter-se inspirado para o uso que veio a fazer do fluxo de consciência em *Ulysses*. Cf. Edel, 1955, p.30.

FOCO NARRATIVO E FLUXO DA CONSCIÊNCIA   59

de fato, um termo literário, "sinônimo de solilóquio não falado" (Scholes; Kellogg, 1977, p.177).

Na verdade, porém, Scholes e Kellogg, embora apontando as origens psicológicas do termo *stream of consciousness*, não descartam o seu emprego na crítica literária, tanto que dizem, mais adiante, que o reservarão, em seu estudo, "para designar qualquer apresentação na literatura dos padrões de pensamento humano que sejam ilógicos, nas gramáticas e principalmente associativos", sejam eles "falados ou não falados".

Por outro lado, definem *monólogo interior* como "a apresentação direta e imediata, na literatura narrativa, dos pensamentos não falados de um personagem, sem a intervenção de narrador". Afirmam ainda que, pelo fato de nós encontrarmos *monólogo interior* e *fluxo da consciência* juntos em autores famosos do século XX, como James Joyce e Virginia Woolf, deixamos com facilidade de fazer distinção entre as duas coisas, sendo porém um fato que o *monólogo interior* é antiquíssimo, remontando a Homero (Scholes; Kellogg, 1977, p.177-178). Um dos exemplos por eles citados é o seguinte trecho de Apolônio de Rodes, poeta grego do segundo século de Cristo:

> Como sou infeliz. Devo encontrar o mal para onde quer que me dirija? Todas as alternativas deixam o meu coração ferido, e não há remédio para esta dor que não se extinguirá nunca... Como poderia eu preparar uma poção mágica sem que meus pais o soubessem? Que história lhes diria? (Scholes; Kellogg, 1977, p.284)[4]

Scholes e Kellogg dedicam razoável parte deste livro à evolução do *monólogo interior*, sempre distinguindo-o do *fluxo da consciência*, com o qual pode ou não coexistir, a seu ver, no mesmo trecho.

Não é esse, porém, o sentido que tem sido costumeiramente dado à expressão *monólogo interior*. Como diz Melvin Friedman,

---

4 O trecho – com tradução para o inglês de R. Scholes, da qual nos valemos – é mais longo, mas pareceu-nos desnecessário reproduzi-lo na íntegra.

60 ALFREDO LEME COELHO DE CARVALHO

[...] críticos têm usado "monólogo interior" e "fluxo de consciência" quase indiscriminadamente. Os que escrevem em inglês geralmente preferem o último termo, e os que escrevem em francês invariavelmente usam o primeiro, talvez porque não haja nenhum equivalente direto da expressão *stream of consciousness* em francês. (Friedman, 1955, p.2)

Em português a tendência é também para o uso indiscriminado da denominação *monólogo interior*, o que, evidentemente, pelo que já foi exposto, cria confusões que devem ser evitadas. Uma das razões para que se faça a distinção é ser o *monólogo interior* de uso antiquíssimo, não equivalendo, portanto, a *fluxo de consciência*. Outra é que, dentro da classificação que passaremos a expor, pode haver *fluxo da consciência* sem que haja *monólogo interior* propriamente dito. Por outro lado, não pretendemos analisar aqui casos de *monólogo interior* dissociados do *fluxo de consciência*. Sempre que nos referirmos a *monólogo interior*, teremos em mente apenas aquele que, correspondendo a estados de consciências pré-verbais, for apresentado de forma truncada, ou caótica, ou meramente associativa.

O crítico norte-americano Robert Humphrey (1968), em obra famosa, que não pode ser ignorada, relaciona quatro técnicas fundamentais que, a seu ver, podem ser usadas para a apresentação do *fluxo da consciência*: "monólogo interior direto, monólogo interior indireto, descrição por autor onisciente e solilóquio" (Humphrey, 1968, p.23). Esse esquema, com modificações, servirá de base para a classificação que proporemos a seguir.

Monólogo interior livre

É aquele que é apresentado com mínima interferência do autor. Citaremos como exemplo o seguinte trecho do famoso monólogo de Molly Bloom, na parte final do *Ulysses*, de James Joyce, monólogo esse que se estende, sem qualquer pontuação, por muitas páginas:

FOCO NARRATIVO E FLUXO DA CONSCIÊNCIA   **61**

[...] ele era tão alinhado naquele tempo tentando parecer como Lord Byron que eu dizia que gostava embora ele fosse bonitinho demais para um homem e ele era um pouco antes da gente ficar noivos embora ela não tivesse gostado muito no dia que eu estava em maré de rir à toa que eu não podia parar a ponto de meus grampos caírem um a um com o monte de cabelos que eu tinha você está sempre se rindo me disse ela sim porque isso azucrinava ela porque ela sabia o que isso queria dizer porque eu costumava contar a ela um pouco do que se passava entre nós não tudo mas o bastante para deixar ela com água na boca mas isso não era culpa minha ela nunca mais deu as caras depois que a gente se casou [...] (Joyce, 1969, p.799)

Joyce não preferiu colocar pontuação, certamente para aumentar a impressão de fluxo, mas o leitor mentalmente a faz, ao decodificar o trecho. A ausência de pontuação não é, pois, um elemento necessário. Outros autores, inclusive James Joyce, em trechos semelhantes, têm preferido manter o uso da pontuação. Veja-se como o trecho seguinte, de Lygia Fagundes Telles, se enquadra muito bem nessa técnica:

Era ir pensando na rotina do dia: banho. Ginástica. O certo seria fazer ginástica antes mas devia estar com a pressão baixa, precisava de água quente para o estímulo inicial. Embora passageiro. "Ai meu Pai." Almoço com a mãe, como estaria ela? Péssima, naturalmente. Não esquecer de pedir a chave do carro, dia-sim dia-não Lia vinha pedir aquela chave, por sorte a mãe era vagotônica, não lembrava que já tinha emprestado na véspera. "Queira Deus que Lião não seja metralhada dentro dele." Faculdade. Fabrizio devia estar por lá atiçando a greve. Laçá-lo para um cinema, festival Greta Garbo, ih, paixão por essa mulher. (Telles, 1974, p.94)

É um monólogo da personagem Lorena. A interferência autoral é mínima, vagamente sentida na expressão "era ir pensando". Os pensamentos se sucedem de maneira associativa, e não em ordem

62 ALFREDO LEME COELHO DE CARVALHO

lógica. Dada a ligeira interferência da autora, a técnica é menos pura que a do monólogo de Molly Bloom.

Monólogo interior orientado

É o tipo de *monólogo interior* em que o autor onisciente apresenta material não falado, e por essa razão truncado, ou falho quanto à coerência, *orientando* o leitor para as circunstâncias em que ele se dá, dando, porém, a impressão de que é apenas a consciência do personagem que está sendo mostrada.

Deve apresentar marcas estilísticas que caracterizem o pensamento desse personagem. Preferimos a denominação *orientando*, evitando o termo *indireto*, a nosso ver menos preciso, e sujeito a objeções.[5]

Veja-se na passagem de Clarice Lispector que transcreveremos a seguir como o leitor é orientado para os fatos externos, para a situação, ao mesmo tempo que é usado um estilo que caracteriza o personagem, apresentando-se a sequência não lógica dos seus pensamentos:

> Seus olhos de novo fitaram aquela rapariga que, já d'entrada, lhe fizera subir a mostarda ao nariz. Logo d'entrada percebera-a sentada a uma mesa com seu homem, toda cheia dos chapéus e d'ornatos, loira como um escudo falso, toda santarrona e fina – que rico chapéu que tinha! –, vai ver que nem casada era, e a ostentar aquele ar de santa. E com seu rico chapéu bem posto. Pois que bem

---

5 Dorrit Cohn (1966) aponta incoerência no uso que Robert Humphrey faz da palavra *indirect*, e termina dizendo: *"The rendering of a character's thought in third person cannot be direct (only direct quotation can be); but neither is it indirect, since the act of reporting is in no way expressed in the text"* (Cohn, 1966, p.103) [Trad.: "A atribuição de um pensamento característico na terceira pessoa não pode ser direta (apenas citações podem ser); mas nada é indireto, desde que o ato do relato não esteja expresso de alguma maneira no texto".] Dorrit Cohn interessa-se mais pelo aspecto estilístico do problema, relacionando-o com os usos do discurso indireto livre.

FOCO NARRATIVO E FLUXO DA CONSCIÊNCIA   63

lhe aproveitasse a beatice! e que se lhe não entornasse a fidalguia na sopa! As mais santazitas eram as que mais cheias estavam de patifaria. E o criado de mesa, o grande parvo, a servi-la cheio de atenções, o finório: e o homem amarelo que a acompanhava a fazer vistas grossas. (Lispector, 1974, p.16-17)

Nesse trecho, a autora, brasileira, apresenta em linguagem lusitana a mente de uma jovem portuguesa de determinada índole e classe social, num estilo adequado a essa personagem, carreando material psíquico não falado próprio dos devaneios.[6]

Podemos constatar o mesmo método no seguinte trecho de James Joyce, que traduzimos para o português:

[...] o Cônego O'Hanlon deu o turíbulo de volta ao padre Conroy e ajoelhou-se, olhando para o Santíssimo Sacramento e o coro começou a cantar *Tantum ergo* e ela [Gerty] apenas balançava o pé dentro e fora do tempo enquanto a música subia e descia para o *Tantumer gosa cramen tum*. Três e onze ela pagou por aquelas meias na Loja Sparrow's da rua George na terça-feira, não segunda-feira antes da Páscoa e não havia defeito nelas e para isso era que ele [Leopold] estava olhando, transparentes, e não para as insignificantes de [de sua amiga Cissy] que não tinham forma nem contorno (o atrevimento dela!) porque ele tinha olhos na cara para ver a diferença por si próprio. (Joyce, 1969, p.353 apud Humphrey, 1968, p.30)

Observe-se, no exemplo acima, o caráter associativo da sequência de pensamentos, a sua expressão truncada, e o seu estilo pessoal da personagem. Parte do material apresentado corresponde à descrição de fatos objetivos que ocorriam no momento.

Nos dois exemplos citados, nota-se que o autor manteve o mesmo estilo para a parte descritiva e para a parte não descritiva.

---

6 A ocorrência frequente de devaneios no *Ulysses*, de Joyce, e em *Manhattan Transfer* [Transferência de Manhattan], de John dos Passos, é notada por Joseph Warren Beach (1932, p.524).

No trecho de Clarice Lispector, em "seus olhos de novo fitaram aquela rapariga que, já d'entrada, lhe fizera subir a mostarda ao nariz" já vemos o estilo característico dos pensamentos da jovem portuguesa. Quanto ao trecho de James Joyce, a interpretação de "*Tantum ergo sacramentum*" como "*Tantumer gosa cramen tum*", assim como a exclamação "o atrevimento dela!", é puro pensamento de Gerty, mas todo o trecho está num estilo que se ajusta à mente da personagem, e através do qual somos orientados quanto aos fatos externos.[7]

Solilóquio

Nesta técnica há um *fluxo de consciência* apresentado com a presunção de uma audiência e sem a interferência do autor. Diferencia-se do *solilóquio* encontrado no drama pela diversidade de situação e pela debilidade da coesão lógica.

Veja-se o seguinte exemplo, de Osman Lins:

O parque de diversões, com as suas luzes perdidas na escuridão circundante, ela e eu no carrossel que range em torno do eixo, rangem as tábuas do piso se passa algum dos outros raros hóspedes; tento, sem conseguir, com a faca afiada, cortar o olho desorbitado de um boi; a mala da viagem tomba no assoalho, range o mar nas bocas e nas barrigas dos peixes, ouço ou julgo ouvir, rosto contra rosto, um crepitar de chamas, as pranchas de carvalho rangem sob nossos pés [...]. (Lins, 1975, p.15)

Os exemplos que mais comumente se apontam dessa técnica estão no romance *Enquanto agonizo*, de William Faulkner, "inteiramente composto dos solilóquios e quinze personagens" (Faulkner

---

7 Edmund Wilson assim o define: "uma combinação de coloquialismos de uma colegial com o jargão de romance barato [...]" (1974, p.164, tradução nossa). Veja também Tindall, 1967, p.193.

FOCO NARRATIVO E FLUXO DA CONSCIÊNCIA 65

apud Humphrey, 1968, p.36). Vejamos um trecho do citado livro, trasladado a vernáculo:

"Não é o teu cavalo que está morto", eu digo. Ele senta-se ereto no assento, inclinando-se um pouco para frente, as costas de madeira. A aba do chapéu desprendeu-se da copa, com a umidade, em dois lugares, caindo através do seu rosto de pau, de modo que, com a cabeça abaixada, olha através dele como através do visor de um elmo, olhando ao longe, ao longo do vale [...]. (Faulkner, 1963, p.75)

Em ambos os exemplos há falta de elucidação lógica. Os pensamentos são enunciados como se o fossem para ser ouvidos.

Impressão sensorial

Acompanhando Lawrence E. Bowling (1950), chamaremos *impressão sensorial* à técnica de apresentação do *fluxo de consciência* quando este ocorre de forma passiva, com registro apenas das expressões verbais correspondentes às impressões psíquicas trazidas pelos sentidos. Diz Bowling (1950, v.LXV, n.4, p.342),

No monólogo interior, a mente é ativa; de impressões sensoriais concretas, ela trabalha em direção a ideias e pensamentos abstratos. Na impressão sensorial, a mente é mais ou menos passiva; ocupa-se meramente em perceber impressões concretas de sentidos.

O referido crítico ilustra essa técnica com o seguinte exemplo, tirado de *Pilgrimage*, de Dorothy Richardson, que transcreveremos em versão portuguesa:

[...] edifícios cinzentos erguendo-se em ambos os lados, sentindo-se para longe na distância que chegava – ângulos nítidos contra o céu... amaciados ângulos de edifícios contra outros edifícios...

66 ALFREDO LEME COELHO DE CARVALHO

altos ângulos moldados moles como miolo de pão, com profundas sombras inferiores... trepadeiras engastando-se em balões... tiras de flores de janela através dos edifícios, escarlates, amarelas, ascendendo; uma confusão de branco e cor de alfazema ao longo de uma amurada que se curvava... uma camada de verde trepadeira subindo em uma frontaria de casa pintada de branco... Sons de coisas próximas e visíveis listadas e entalhadas à proporção que se moviam, conduzindo para sons distantes sem traço... soando juntos. (Richardson apud Bowling, 1950, v. LXV, n.4, p.342)

Descrição por autor onisciente

Pode ocorrer também a apresentação dos pensamentos do personagem "num estado não formulado, não falado, incoerente" (Humphrey, 1968, p.342) por meio da descrição do *autor onisciente* que, ao fazê-lo, usa a sua própria linguagem, e não o estilo peculiar do personagem. Humphrey apresenta como exemplo dessa técnica o seguinte trecho de Dorothy Richardson, que transcrevemos em versão vernácula:

O pequeno choque fez com que a sua mente fosse sentindo ao longo da estrada que eles tinham acabado de deixar. Ela considerou a sua longura ininterrompida, as suas lojas, a sua ausência de árvores. A larga avenida, ao longo da qual eles agora começavam a seguir, repetia-se numa escala mais ampla. Os passeios eram largas calçadas a que se chegava da estrada por degraus de pedra, em número de três. As pessoas que passavam por elas não se pareciam com ninguém que ela conhecesse. Eram todas semelhantes. Eram... ela não encontrava nenhuma palavra para a estranha impressão que lhe faziam. Coloria todo o bairro através do qual elas tinham vindo. Era parte do novo mundo ao qual ela tinha prometido ir a 18 de setembro. Era já o seu mundo, e ela não tinha palavras para ele. Não seria capaz de transmiti-lo a outros. Estava segura de que sua mãe não o tinha percebido. Precisava tratar com ele sozinha. Tentar falar a seu respeito, mesmo

FOCO NARRATIVO E FLUXO DA CONSCIÊNCIA 67

com Eva, exauriria a sua coragem. Era o seu segredo. Um estranho segredo para toda a sua vida como Hanover tinha sido. Mas Hanover era bonita [...]. (Richardson apud Humphrey, 1968, p.34-35)

O trecho é comparável ao seguinte, de Clarice Lispector:

O homem nada poderia fazer senão esperar que a primeira penumbra lhe revelasse um caminho. Enquanto isso poderia dormir no chão que, distanciado pelas trevas, lhe pareceu inalcançável. Já não mais atiçado pelo perigo, desaparecera a sagacidade que lhe seria agora apenas um entrave. E de novo um embrutecimento suave o dominava. O chão era tão longe que, abandonando o corpo, este por um instante experimentou a queda no vácuo. Mal porém tocara numa terra que a seus pés se esquivara, e esta instantaneamente se desencantou em algo resistente, cujas rugas estáveis pareciam as do céu da boca de um cavalo. O homem estirou as pernas e encostou a cabeça. Agora se imobilizara, o ar afiara-se e doía extremamente limpo. O homem não estava com o sono mas no escuro não saberia o que fazer da grande vigília. Além do mais não tinha assunto. (Lispector, 1970, p.16)

Essa técnica de *fluxo da consciência* não deve ser confundida com a *análise interior* que pode ser praticada pelo *autor onisciente.* Lawrence E. Bowling (1950) faz a distinção entre *análise interior* e *fluxo da consciência*, dizendo que o primeiro método "*sumaria,* enquanto o outro *dramatiza*; um é *abstrato*, o outro é *concreto*" (Bowling, 1950, p.344).

Não só isso caracteriza o *fluxo da consciência*, como também a natureza do material psíquico carreado para a obra, o qual, embora o autor o procure apresentar verbalmente, corresponde a um nível anterior à fala, a uma pré-linguagem de estrutura truncada.

Isto é, naturalmente, uma questão de posição, que não invalida a possibilidade de outros critérios. Assim, por exemplo, Melvin Friedman (1955), autor de uma obra sobre o assunto, inclui Henry James (últimas obras) e Proust como romancistas de *fluxo da*

68 ALFREDO LEME COELHO DE CARVALHO

consciência (Friedman, 1955, p.5-6, 92). Já Robert Humphrey (1968) exclui desse tipo de ficção os romances de Henry James porque neles os processos psicológicos são vistos por meio da *inteligência* de um personagem, e a obra de Proust *Em busca do tempo perdido* porque trata de reminiscências (Friedman, 1955, p.3-4, 127). S. K. Kumar (1963), tratando do problema, entende que "Proust não usa o método narrativo do fluxo da consciência; de fato, em vez de imergir completamente no fluxo do devir, retém o direito de elucidar, analisar, comentar e julgar" (Kumar, 1963, p.10).

Neste ponto, convém abordar um assunto que foi tratado por Stuart Gilbert, em seu livro sobre o *Ulysses*, de Joyce:

> Várias críticas têm sido dirigidas contra o uso do monólogo silencioso por parte de Joyce no *Ulysses*. Penso que foi Wyndham Lewis quem sugeriu que, como os pensamentos nem sempre são verbais e podemos pensar sem palavras, a técnica do monólogo silencioso é enganadora. Há contra isso, entretanto, a hipótese igualmente sustentável de que "sem linguagem não pode haver pensamento" (Sayce, *Introduction to the Science of Language*), e o fato óbvio de que, mesmo que nós não *pensemos*, certamente precisamos *escrever* com palavras. (Gilbert, 1952, p.26)

Se até hoje as relações entre pensamento e linguagem não estão perfeitamente explicadas, existindo entre eles, entretanto, uma relativa interdependência,[8] de qualquer forma a ficção do tipo *fluxo da consciência* é perfeitamente justificada. Procura, como já dissemos, apresentar, por meio de uma linguagem truncada ou desordenada, o pensamento ainda não claramente formulado do ponto de vista lógico ou linguístico.

---

8 "As relações entre o pensamento e a linguagem são certamente, não completamente esplanadas hoje, e é claro que é uma grande simplificação definir o pensamento como uma linguagem subvocal à maneira de alguns comportamentalistas. Mas não é menos claro que proposições e outras alegadas estruturas lógicas, não podem ser totalmente separadas das estruturas da linguagem para expressá-las" (Robins, 1974, v.X, p.644, tradução nossa).

FOCO NARRATIVO E FLUXO DA CONSCIÊNCIA   69

Aliás, se considerarmos o problema dentro da interpretação bergsoniana de Shiv K. Kumar, a ficção de *fluxo da consciência* procura justamente exprimir a fluida realidade psíquica quebrando os moldes da linguagem tradicional (Kumar, 1963, p.33). Caberia também relacionar esse tipo de ficção, em certos casos, com o conceito de *linguagem egocêntrica*, de Piaget, desenvolvido por Vigotsky, para quem ela se desenvolve a partir da linguagem social, com uma tendência para a abreviação e economia da sintaxe.[9]

É natural também ligar-se aos romances de *fluxo da consciência* a técnica psicanalítica da livre associação de ideias, como faz Harry Levin em relação a James Joyce (Levin, 1960, p.82). Há semelhança entre o procedimento do paciente no consultório psicanalítico e a associação de pensamentos que ocorre no tipo de ficção de que tratamos.

É, entretanto, arriscado localizar os textos de *fluxo da consciência* em níveis psíquicos, como procurou fazer Frederick J. Hoffman (1959). Para esse fim, Hoffman dividiu a mente em quatro níveis: o *lógico*, o *pré-consciente*, o *subconsciente* e o *inconsciente* (Hoffman, 1959, p.128-131).

O próprio Hoffman afirma que o uso do termo *subconsciente* é aí "puramente arbitrário, e não visa a uma distinção entre subconsciente e inconsciente em psicanálise". Hoffman coloca as obras de Faulkner *Enquanto agonizo* e *O som e a fúria* no nível do *subconsciente*, e *Finnegans Wake*, de Joyce, no nível do *inconsciente*. É evidente, porém, a dificuldade para uma classificação desse tipo. Mais viável seria dizer que uma determinada obra, ou trecho, está mais próxima ou mais distante do nível da fala, sem objetivar, entretanto, um ideal de precisão. Veja-se aliás que no próprio caso de *O som e a fúria*, entre a primeira e a terceira parte, há grande diferença, estando uma situada na mente de um idiota – Benjy – e outra na de Jason, "cujos padrões de pensamento são lógicos" (Volpe, 1974, p.93).

---

9 Ver, por exemplo, Hörman, 1972, p.240; e Greene, 1976, p.94.

70 ALFREDO LEME COELHO DE CARVALHO

Aliás, deve-se ter em mente que autores como James Joyce e Virginia Woolf, por exemplo, embora tenham procurado o realismo psicológico, buscaram também atingir um elevado grau de poesia e efetivamente retórica. Falando de Joyce, diz Leon Edel (1955) que alguns críticos não compreenderam que "estava fazendo uma rigorosa seleção mesmo quando precisa arrebanhar uma grande quantidade de matéria associativa" e acrescenta que "a sua seleção destinava-se a criar uma ilusão de que não tinha havido seleção" (Edel, 1955, p.22). Assim, não cabe, na análise dessas obras, um critério de rigor científico. A este propósito, comentam ironicamente Scholes e Kellogg: "Um certo psicólogo provou que Benjy[10] não é um psicótico, mas um constructo literário. Sendo assim, está bem que Benjy figure num livro, que é o seu lugar" (p.199). Fica implícito nesta afirmação que o que importa ao romancista é a verossimilhança. A veracidade reserva-se para o âmbito de pesquisa do cientista e do historiador.[11]

Complemento

Segundo Gérard Genette, podemos ter as seguintes situações para a narrativa: a primeira é da contemporaneidade, aqui exemplificada por um trecho do início do romance de Gustavo Corção, que é o seguinte:

Passado o choque do primeiro instante, começo a sentir nesta espera uma estranha exultação, pela primeira vez na minha vida colho a impressão de estar conseguindo alguma coerência comigo mesmo, alguma ordem. A proporção entre o resultado de agora e o longo preparativo – logo, confuso, desarrumado – parecerá absurda.

---

10 Narrador-protagonista da primeira parte do romance de Faulkner *O som e a fúria*.

11 Cf. Carvalho, 1975, p.11-18.

Mas não é sempre assim? Quem poderá inventariar a disparatada soma de tentativas, de extravios, de dias inúteis, de sofrimentos perdidos, que precederam a composição de uma sonata? E no entanto em meia hora ela chega diante de nós, diz tudo, e agoniza mais depressa do que as rosas. (Corção, 1954, p.11)

No caso da *analepse* nós nos reportamos a algo que aconteceu antes no tempo da narrativa, como se vê neste primeiro trecho do romance *Memórias póstumas de Brás Cubas*, de Machado de Assis (1979, p.513):

Algum tempo hesitei se devia abrir estas memórias pelo princípio ou pelo fim, isto é, se poria em primeiro lugar o meu nascimento ou a minha morte. Suposto o uso vulgar seja começar pelo nascimento, duas considerações me levaram a adotar diferente método: Um defunto autor, para quem a campa foi outro berço; a segunda é que o escrito ficaria assim mais galante e mais novo. Moisés que também contou a sua morte não a pôs no introito, mas no cabo; diferença radical entre este livro e o Pentateuco.

Exemplo de *prolepse*, isto é, de visão antecipativa, encontra-se no livro de George Orwell (1979, p.7), *1984*:

Era um dia brilhante de abril e os relógios estavam tocando as treze horas. O Winston Smith com o queixo sobre o peito num esforço para escapar do terrível vento escorregava rapidamente através das portas geladas das mansões vitorianas, embora não suficientemente rápido para evitar o atrito de pó que vinha junto com ele.

Ficam assim caracterizadas as possíveis maneiras de se fazer uma narrativa quanto ao ponto de vista.

Referências Bibliográficas

ABBAGNANO, N. *Dicionário de filosofia*. Trad. Alfredo Bosi. São Paulo: Mestre Jou, 1970.

ALENCAR, J. de. *As minas de prata*. v.1. Rio de Janeiro: Garnier, 1926. (Revisão de Mário de Alencar)

_____. de. *O Guarani*. Rio de Janeiro: Instituto Nacional do Livro, 1958. (Edição crítica de Darcy Damasceno)

ALLOTT, M. *Novelists on the Novel*. Londres: Routledge and Kegan Paul, 1959.

ARANHA, G. *Chanaan*. 10.ed. Rio de Janeiro: F. Briguiet & Cia, 1949.

ARISTÓTELES. *Poética*. Trad. Eudoro de Sousa. Porto Alegre: Globo, 1966.

BEACH, J. W. *The Twentieth Century Novel*. Nova York: Appleton-Century--Crofts, 1932.

BLACKMUR, R. P. *The Art of the Novel*. Nova York: Charles Scribner's Sons, 1962.

BOOTH, W. C. *The Rhetoric of Fiction*. Chicago: Phoenix Book, 1967. [Ed. port.: *A retórica da ficção*. Lisboa: Arcádia, 1980.]

BOWLING, L. E. What is the Stream of Consciousness Technique? *PMLA*, v.65, n.4, 1950.

BRAGA, R. Eu e Bebu na hora neutra da madrugada. In: RAMOS, G. (Org.). *Contos e novelas*, v.2. Rio de Janeiro: Casa do Estudante do Brasil, 1957.

BROOKS, C.; WARREN, R. P. *Understanding Fiction*. 2.ed. Nova York: Appleton Century Crofts, 1959 [1943].

74 ALFREDO LEME COELHO DE CARVALHO

BRUGGER, W. *Diccionario de filosofía*. Barcelona: Herder, 1953 [1943].

BURGESS, A. *Laranja mecânica*. Trad. Nelson Dantas. Rio de Janeiro: Editora Artenova S. A., 1977 [1965].

BUTOR, M. La modification (Paris, 1957). BOOTH, W. C. *The Rhetoric of Fiction*. Chicago: Phoenix Book, 1967. [Ed. port.: *A retórica da ficção*. Lisboa: Arcádia, 1980.]

CÂMARA JR., J. M. *Ensaios machadianos*. Rio de Janeiro: Livraria Acadêmica, 1962.

CASTELO BRANCO, C. *A queda dum anjo*. Rio de Janeiro: Organização Simões, 1953.

_____. *Coração, cabeça e estômago*. Rio de Janeiro: Civilização Brasileira S.A., 1961a.

_____. Gracejos que matam. In: MATEUS, M. H. M. (Org.). *Novelas do Minho*. Lisboa: Centro de Estudos Filológicos, 1961b.

_____. *O romance de um homem rico*. Rio de Janeiro: Companhia José Aguilar, 1975.

CARVALHO, A. L. C. As distopias de Anthony Burgess. *Revista de Letras*, v.15. Assis: 1973, p.9-34.

_____. A teoria crítica de Forster e a poética. *Mímesis*. São José do Rio Preto, SP: Faculdade de Filosofia, Ciências e Letras, 1975.

_____. *Foco narrativo e fluxo da consciência*: questões da teoria literária. São Paulo: Pioneira, 1981. (Coleção Manuais de Estudo)

COHN, D. Narrated Monologue, *Comparative Literature*, n.2, Eugene, Oregon, 1966 (Spring).

CORÇÃO, G. *Lições de abismos*. 7.ed. Rio de Janeiro: Agir, 1954.

COSTA, D. da. Alucinação. In: RAMOS, G. (Org.). *Contos e novelas*, v.2. Rio de Janeiro: Casa do Estudante do Brasil, 1957.

CHESTERSON, G. K. *Orthodoxy*. Glasgow: Fontana Books, 1961.

DICCIONARIO CONTEMPORANEO DA LINGUA PORTUGUEZA. 2.ed, v.2. Lisboa: Parceria Antonio Maria Pereira, 1925.

EDEL, L. *The Psychological Novel* (1900-1950). Londres: Rupert-Davis, 1955.

FAULKNER, W. *As I Lay Dying*. Harmondsworth: Penguin Books, 1963. [Ed. bras.: *Enquanto agonizo*. Trad. Wladir Dupont. Porto Alegre: L&PM, 2009.]

FONSECA, B. *Rio Turvo*. Lisboa: Editorial Verbo, [s.d.].

FORSTER, E. M. *Aspects of Novel*. Harmondsworth: Penguin Books, 1966. [Ed. bras.: *Aspectos do romance*. 4.ed. Porto Alegre: Globo, 2005.]

FOCO NARRATIVO E FLUXO DA CONSCIÊNCIA   75

FREIRE, L. *Grande e Novíssimo Dicionário da Língua Portuguesa.* v.4. Rio de Janeiro: A Noite, [s.d.].

FRIEDMAN, M. Point of View in Fiction: the Development of a Critical Concept. In: STEVICK, P. *The Theory of the Novel.* New York: The Free Press, 1967.

_____. *Stream of Consciousness*: a Study on Literary Method. New Haven: Yale University Press, 1955.

GENETTE, G. *Figure III.* Paris, le Seuil, 1972.

GILBERT, S. *James Joyce's of Ulysses.* 2.ed. Nova York: Alfred A. Knopf, 1952.

GOMES, R. F. *Condição de angústia.* São Paulo: Editora H, 1977.

GRANDE ENCICLOPÉDIA PORTUGUESA E BRASILEIRA, v.11. Lisboa: Editorial Enciclopédia Ltda., [s.d.].

GREENE, J. *Pensamento e linguagem.* Rio de Janeiro: Zahar, 1976.

GUIMARÃES JR., L. Paulo e Virgínia. In: RAMOS, G. (Org.). *Contos e novelas,* v.2. Rio de Janeiro: Casa do Estudante do Brasil, 1957.

HERCULANO, A. *Eurico, o presbítero.* 40.ed. Lisboa: Bertrand, [s.d.]a.

_____. *O bobo.* 24.ed. Lisboa: Bertrand, [s.d.]b.

HOLANDA FERREIRA, A. B. de. *Novo Dicionário da Língua Portuguesa.* Rio de Janeiro: Nova Fronteira, [s.d.].

HOFFMAN, F. J. *Freudianism and the Literary Mind.* Nova York: Grove Press, 1959.

HÖRMAN, H. *Introduction à la Psycholinguistique.* Paris: Librairie Larousse, 1972.

HUMPHREY, R. *Stream of Consciousness in the Modern Novel.* Berkeley: University of California Press, 1968.

HUXLEY, A. *O macaco e a essência.* Trad. João Guilherme Linke. 4.ed. Rio de Janeiro: Civilização Brasileira, 1971.

ISHERWOOD, C. Goodbye to Berlin. In: _____. *The Berlin Stories.* Nova York: New Directions Paperbacks, 1939.

JAMES, W. *Principles of Psychology.* Chicago: William Benton, 1955.

JOYCE, J. *Ulysses.* Harmondsworth: Penguin Books, 1969. [Ed. Bras.: *Ulysses.* Trad. Antonio Houaiss. Rio de Janeiro: Civilização Brasileira, 1967.]

_____. *A Portrait of the Artist as a Young Man.* Harmondsworth: Penguin Books, 1974. [Ed. bras.: *Retrato do artista quando jovem.* Trad. Alfredo Margarido. Lisboa: Livros do Brasil, [s.d.].]

KAYSER, W. Qui raconte le roman? In: *Poétique,* n.4. Paris: Édition du Seuil, 1970.

76 ALFREDO LEME COELHO DE CARVALHO

KAYSER, W. *Análise e interpretação da obra literária* (Introdução à Ciência da Literatura). Trad. Paulo Quintela. 6.ed. Coimbra: Arménio Amado, 1976.

KUMAR, S. K. *Bergson and the Stream of Consciousness Novel*. Nova York: New York University Press, 1963.

LARDNER, R. Haircut. In: SPEARE, E. (Org.). *A Pocket Book of Short Stories*. Nova York: Washington Square Press, 1973. [Ed. port.: Corte de cabelo. In: _____. *Chuva e outras novelas*. 4.ed. Lisboa: Livros do Brasil, (s.d.).]

LEVIN, H. *James Joyce*: A Critical Introduction. Londres: Faber and Faber, 1960.

LINS, O. *Avalovara*. 3.ed. São Paulo: Melhoramentos, 1975.

LISPECTOR, C. *A maçã no escuro*. 3.ed. Rio de Janeiro: José Álvaro, 1970.

_____. Devaneio e embriaguez de uma rapariga. In: _____. *Laços de família*. Rio de Janeiro: José Olympio, 1974.

LUBBOCK, P. *The Craft of Fiction*. Nova York: The Viking Press, 1964. [Ed. bras.: *A técnica da ficção*. São Paulo: Cultrix; Edusp, 1976.]

MACHADO DE ASSIS, J. M. Quincas Borba. In: CÂMARA JR., J. M. *Ensaios machadianos*. Rio de Janeiro: Acadêmica, 1962.

_____. *Histórias da meia noite*. 2.ed. Rio de Janeiro: Civilização Brasileira, 1977a.

_____. *Histórias sem data*. Rio de Janeiro: Civilização Brasileira, 1977b.

_____. *Memórias póstumas de Brás Cubas*. Rio de Janeiro: Civilização Brasileira, 1977c.

_____. Uma senhora. In: _____. *Histórias sem data*. 2.ed. Rio de Janeiro: Civilização Brasileira, 1977d.

_____. Memórias póstumas de Brás Cubas. In: _____. *Obras completas*, v.1. Rio de Janeiro: Nova Aguilar, 1979.

MAUGHAM, S. Rain. In: SPEARE, E. (Org.). *A Pocket Book of Short Stories*. Nova York: Washington Square Press, 1973. [Ed. port.: Chuva. In: _____. *Chuva e outras novelas*. 4.ed. Lisboa: Livros do Brasil, (s.d.).]

MAUPASSANT, G. de. Un réveillon. In: _____. *Contes et nouvelles*, v.1. Paris: Librairie Larousse, [s.d.].

MILLER JR., J. E. *Theory of Fiction*: Henry James. Lincoln: University of Nebraska Press, 1972.

MOOG, V. *Um rio imita o Reno*. 7.ed. Porto Alegre: Globo, 1957.

MORAIS, E. O guarda-chuva. In: RAMOS, G. (Org.). *Contos e novelas*, v.2. Rio de Janeiro: Casa do Estudante do Brasil, 1957.

FOCO NARRATIVO E FLUXO DA CONSCIÊNCIA 77

ORTEGA Y GASSET, J. Ideas sobre la novela. In: _____. *Obras completas*. Tomo III. 5.ed. Madrid: Revista Occidente, 1962.

ORWELL, G. *1984*. Trad. Wilson Velloso. 12.ed. São Paulo: Cia. Editora Nacional, 1979.

PETIT LAROUSSE. Paris: Librairie Larousse, 1959.

PINHEIROS, J. C. F. *Resumo de história literária*. v.1. Rio de Janeiro: Garnier, 1872.

POE, E. A. A carta furtada. In: HOLANDA FERREIRA, A. B. de; RÓNAI, P. *Mar de histórias*. Rio de Janeiro: José Olympio, 1951.

POMPÉIA, R. *O Ateneu*. 7.ed. Rio de Janeiro: Francisco Alves, 1949.

POUILLON, J. *O tempo no romance*. Trad. Heloysa de Lima Dantas. São Paulo: Cultrix, 1974.

PRINCE, G. Introduction à l'étude du narrataire. In: *Poétique*, n.14. Paris: Édition du Seuil, 1973.

QUEIRÓS, E. de. *O Conde de d'Abranhos*. Porto: Lello & Irmão, 1951.

RAMOS, G. *Angústia*. 7.ed. Rio de Janeiro: José Olympio, 1955.

REGO, J. L. do. *Cangaceiros*. Rio de Janeiro: José Olympio, 1953.

RIBEIRO, J. *Gramática Portuguesa*: curso superior. 13.ed. Rio de Janeiro: Livraria Francisco Alves, 1907.

ROBINS, R. H. *The New Encyclopaedia Britannica* (Macropaedia), v.10. Chicago: Benton, 1974.

ROMBERG, B. *Studies in the Technique of the First Person Novel*. Estocolmo: Almquist & Wiksell, 1962.

ROSSUM-GUYON, F. V. Point de vue ou perspective narrative: Théories et concepts critiques. In: _____. *Poétique*, v.4. Paris: Editions du Seuil, 1970.

RUNES, D. R. *Dictionary of Philosophy*. Iowa: Littlefield, Adams & Co., 1956.

S. LUÍS, F. F. *Glossário das palavras e frases da língua francesa*. Lisboa: Typografia da Academia Real das Sciencias, 1827.

SCHOLES, R.; KELLOGG, R. *The Nature of Narrative*. Londres: Oxford University Press, 1977.

SHIPLEY, J. T. *Dictionary World Literary Terms*: New, Enlarged and Completely Revised Edition. Londres: George Allen and Unwin, Ltd., 1970.

SILVEIRA, J. Onde andará esmeralda. In: RAMOS, G. (Org.). *Contos e novelas*, v.2. Rio de Janeiro: Casa do Estudante do Brasil, 1957.

SOUSA, H. I. O baile do judeu. In: RAMOS, G. (Org.). *Contos e novelas*, v.1. Rio de Janeiro: Casa do Estudante do Brasil, 1957.

78 ALFREDO LEME COELHO DE CARVALHO

SPEAR, M. E. (Org.). *A Pocket Book of Short Stories*. Nova York: Washington Square Press, Pocket Books, 1973.

STANZEL, F. *Narrative Situations in the Novel*. Trad. James P. Pusack. Bloomington: Indiana University Press, 1971.

SURMELIAN, L. *Techniques of Fiction Writing*: Measure and Madness. Nova York: Doubleday and Company, Inc., 1969.

TELLES, L. F. *As meninas*. 2.ed. Rio de Janeiro: José Olympio, 1974.

_____. Helga. In: _____. *Antes do baile verde*, Rio de Janeiro: José Olympio, 1975.

TINDALL, W. Y. *A Reader's Guide to James Joyce*. Nova York: The Noonday Press, 1967.

TODOROV, T. *Théorie de la Littérature*. Paris: Édition du Seuil, 1965.

TODOROV, T.; DUCROT, O. *Dictionnaire Encyclopédique des Sciences du Langage*. Paris: Éditions du Seuil, 1972.

TOLEDO, D. O. *Teoria da Literatura*: formalistas russos. Porto Alegre: Globo, 1971.

TREVISAN, D. *O vampiro de Curitiba*. Rio de Janeiro: Civilização Brasileira, 1965.

_____. *A guerra conjugal*. 4.ed. Rio de Janeiro: Civilização Brasileira, 1975a.

_____. A noiva do Diabo. In: _____. *A guerra conjugal*. 4.ed. Rio de Janeiro: Civilização Brasileira, 1975b.

USPENSKI, B. *A Poetics of Composition*. Trad. Valentina Zavarin e Susan Wittig. Berkeley: University of California Press, 1973.

VERISSIMO, E. O continente. In: _____. *O Tempo e o Vento*. 7.ed. Porto Alegre: Globo, 1956.

VIRIATO CORREIA, M. Ladrão. In: RAMOS, G. (Org.). *Contos e novelas*. v.2. Rio de Janeiro: Casa do Estudante do Brasil, 1957.

VOLPE, E. L. *A Reader's Guide to William Faulkner*. Nova York: Farrar, Straus and Giorux, 1974.

WEBSTER'S THIRD NEW INTERNATIONAL DICTIONARY OF THE ENGLISH LANGUAGE, v.2. Chicago: Encyclopaedia Britannica, Inc., 1971.

WELLEK, R. The Critical Theory of Henry James. *American Literature*, v.30, 1958.

WILSON, E. *Axel's Castle*. Glasgow: Collins-Fontana, 1974.

WOOLF, V. *Mrs. Dalloway*. Trad. Mário Quintana. Rio de Janeiro: Nova Fronteira, 1980.

Prefácio

AGUIAR E SILVA, V. M. *A estrutura do romance.* 3.ed. Coimbra: Livraria Almedina, 1974. Separata da Teoria da Literatura.

ALENCAR, J. de. *O mestre imaginário.* Rio de Janeiro: Record, 1982.

BOOTH, W. C. *The Rhetoric of Fiction.* Chicago: Phoenix Book, 1967. [Ed. port.: *A retórica da ficção.* Lisboa: Arcádia, 1980.]

ROBBE-GRILLET, A. *Pour un nouveau roman.* Paris: Gallimard, 1963.

SOBRE O LIVRO

Formato: 14 x 21 cm
Mancha: 23,7 x 42,5 paicas
Tipologia: Horley Old Style 10,5/14
Papel: Off-set 75 g/m² (miolo)
Cartão Supremo 250 g/m² (capa)
1ª edição: 2012

EQUIPE DE REALIZAÇÃO

Edição de Texto
Bia Pasqualino (Copidesque)
Maria Mello (Revisão)

Capa
Estúdio Bogari

Editoração Eletrônica
Sergio Gzeschnik

Assistência Editorial
Alberto Bononi